筑梦印象

东北大学浑南新校区建设史册

Journey of Dream Building

◎主审 孙雷

◎主编 金畅

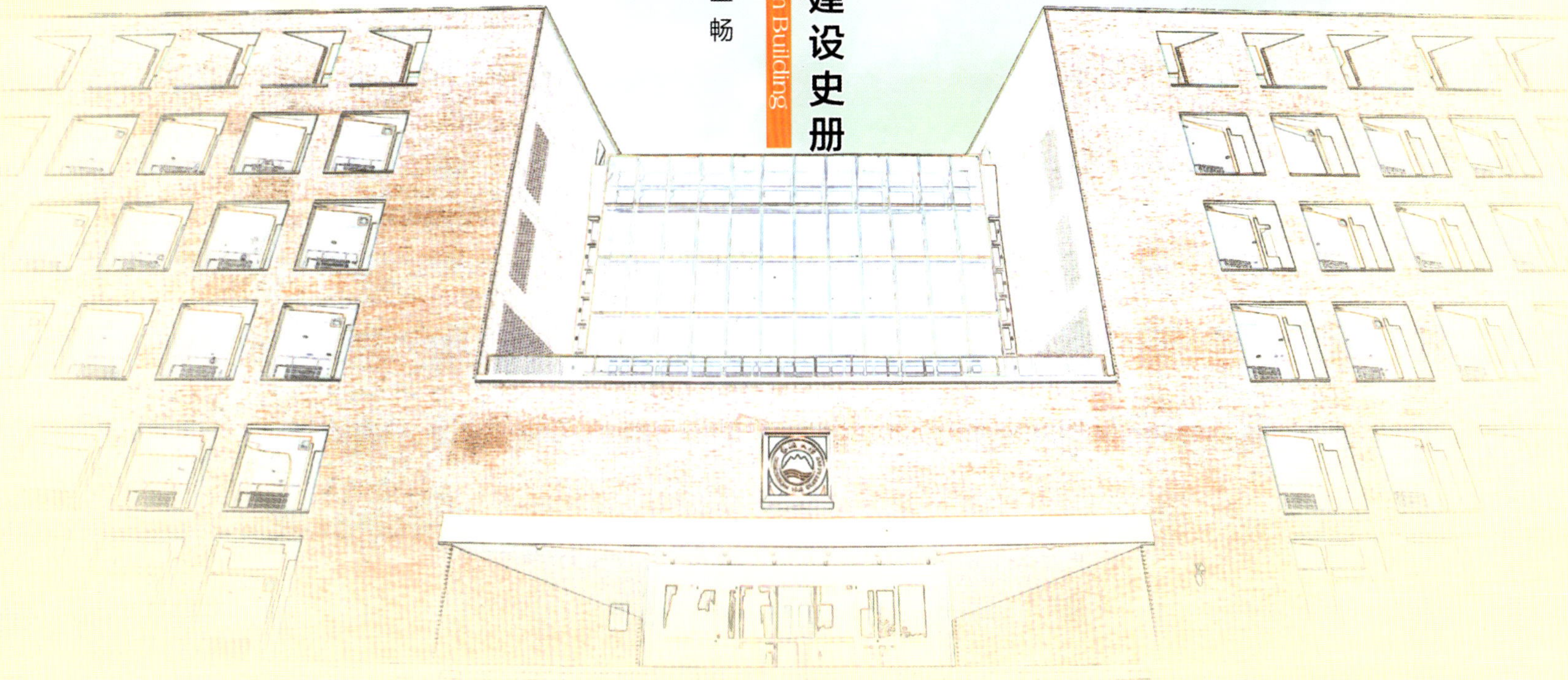

东北大学出版社

图书在版编目（CIP）数据

筑梦印象：东北大学浑南新校区建设史册/金畅主编. --沈阳：东北大学出版社，2018.8
ISBN 978-7-5517-1965-0

Ⅰ.①筑… Ⅱ.①金… Ⅲ.①东北大学-校史Ⅳ.①G649.283.11

中国版本图书馆CIP数据核字（2018）第185090号

出 版 者：东北大学出版社
地址：沈阳市和平区文化路三号巷11号
邮编：110819
电话：024-83683655（总编室） 83687331（营销部）
传真：024-83687332（总编室） 83680180（营销部）
网址：http://www.neupress.com
E-mail：neuph@neupress.com
印 刷 者：辽宁泰阳广告彩色印刷有限公司
发 行 者：东北大学出版社
幅面尺寸：280mmX280mm
印 张：16
字 数：230 千字
出版时间：2018年8月第1版
印刷时间：2018年8月第1次印刷
策划编辑：向 阳
责任编辑：孙 锋
责任校对：孙德海
封面设计：张晓旭 潘正一

ISBN 978-7-5517-1965-0 定价：137.00元

筑梦印象

东北大学浑南新校区建设史册

Journey of Dream Building

编委会

东北大学浑南新校区区位图

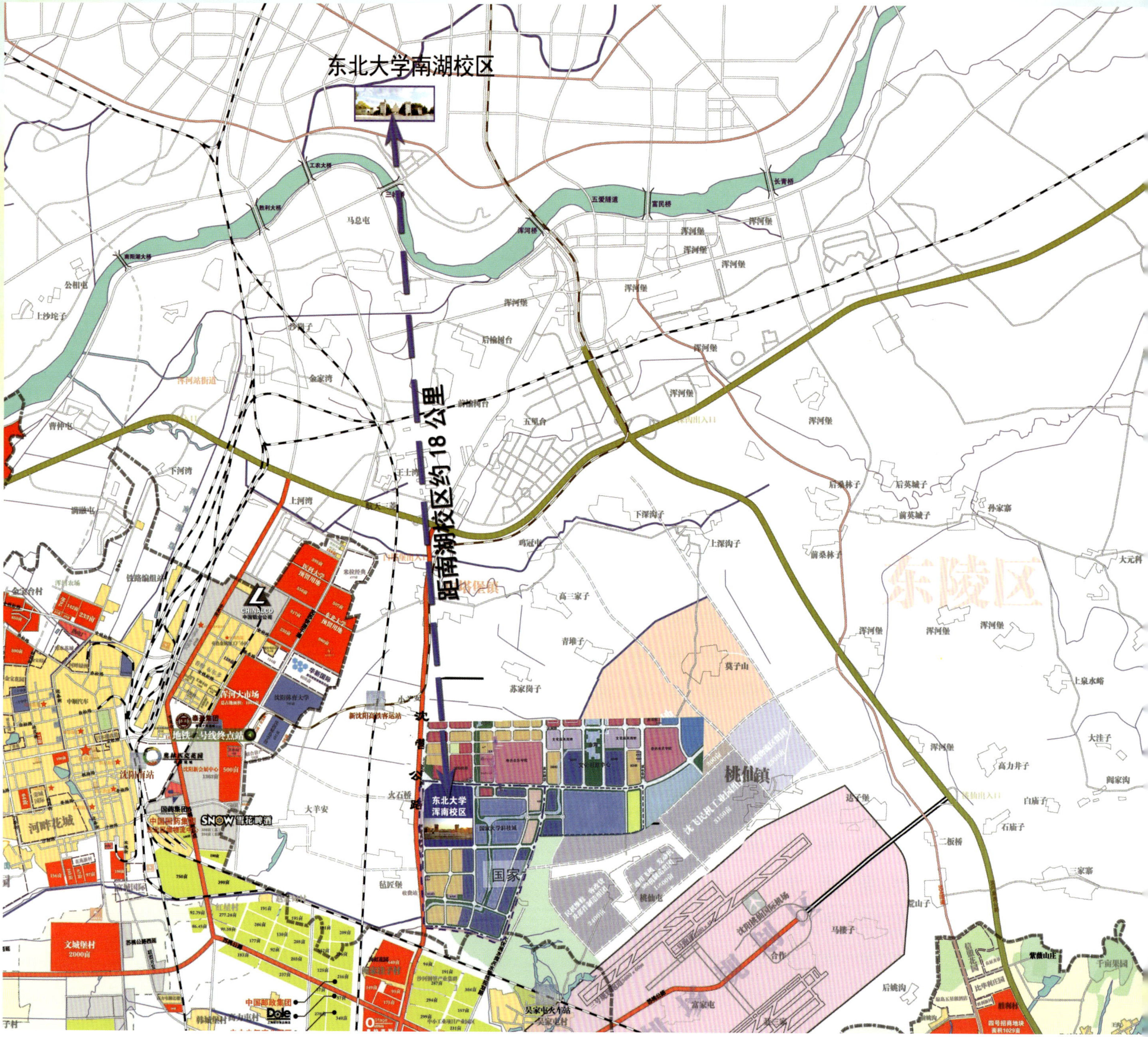

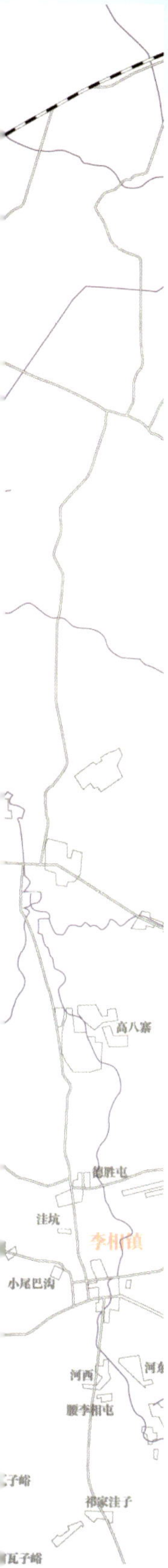

东北大学浑南新校区总平面图

破解发展空间瓶颈，改善基本办学条件，东北大学浑南新校区的建成标志着东北大学进入了多校区办学的新时代，为东北大学“双一流”建设打开了物理空间，奠定了坚实基础。新时代东大人用智慧与汗水谱写了一曲团结拼搏、奋勇向前的赞歌，创造了东北大学建设史上的辉煌篇章。

东北大学浑南新校区总体规划设计吸引了国内外极具影响力的五家设计院参与，单体建筑设计则由国内顶尖的八位建筑大师通过集群方式联袂创作，高起点的规划设计成就了一所高水平、有特色、一流水平的大学校园，东北大学浑南新校区已经成为东北大学新的区域地标与国际名片。

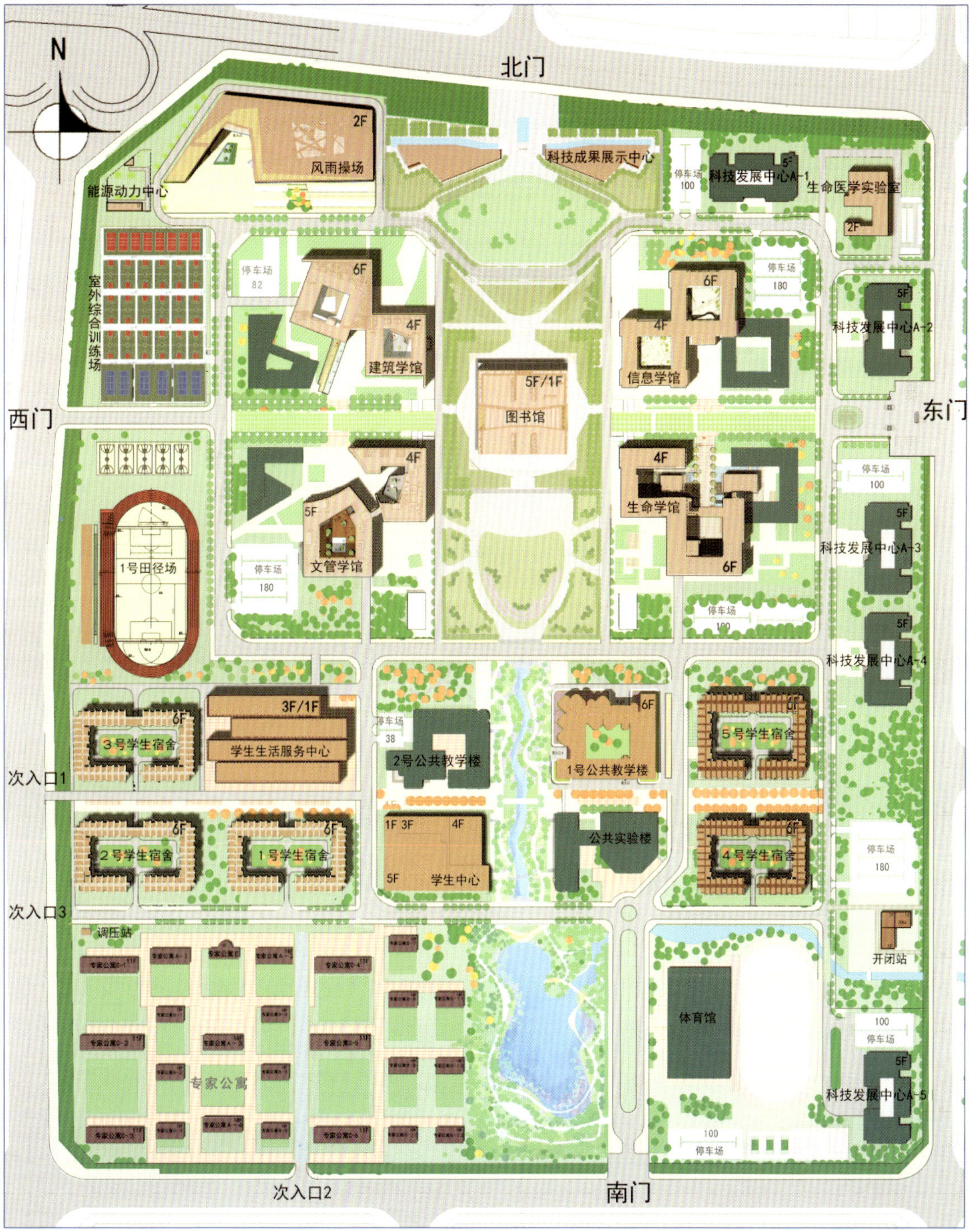

序言

白山黑水间，两代帝王都，历史名校奏响时代强音；浑河堤岸南，孕育新起点，东大师生谱写发展新篇。

2011年4月，东北大学浑南新校区选址确定；2011年6月，东北大学浑南新校区规划启动；2012年11月，东北大学浑南新校区开工建设；2014年9月，东北大学浑南新校区正式启用。不到两年时间，一座新的地标拔地而起，东大人再次创造了东北大学建设史上的奇迹，新校区的建设为学校破解发展空间瓶颈、推进学科布局优化提供了基本条件，为建设一流大学提供了更加广阔的空间，对于东北大学的生存和发展具有里程碑式的意义。

◎东北大学第一枚样章印样

建筑是用砖石写成的史书。东北大学95年的风雨征程是一部与国家发展和民族振兴同向同行的发展史，是一部几经迁徙、不舍进取、拼搏创业的奋斗史。95年的风雨征程，东北大学校址几经变迁、多处辗转，东北大学的精神火种始终不熄，一处处校舍曾作为时代的坐标承载数十万东大人励学、成长、圆梦，一处处校舍又因数十万东大人实干、报国、创新、卓越的不懈奋斗而更加形神兼备，成为中国高等教育发展进程中的重要丰碑。

1923年4月，东北大学宣告成立，时任奉天省省长王永江兼任首任校长。最初校区选址于当时的沈阳市沈河区沈阳高等师范学校（南关校区）。

同年5月，东北大学在北陵购置33万米²土地，动工兴建新校区。1925年，新校舍建成，其规模之大、功能之全，在国内首屈一指。此时，东北大学南校（南关校区）、北校（北陵校区）两校区同时办学。这一阶段的东北大学办学规模不断扩大，共有校区四处，即南关校区、北陵校区、东北大学工厂厂区和东北大学植物园校区。

1929年9月，时任东北大学校长张学良将南关校区全部迁入北陵校区。此时的东北大学校区广阔，名师荟萃，学科齐全。校园内，理工科大白楼、化学馆、纺织馆、图书馆、大礼堂、实验室、汉卿南北楼、教授住宅东西新村和当时亚洲最大的体育场鳞次栉比、建筑宏伟、壮丽辉煌（2001年，东北大学、北京大学、清华大学和武汉大学的校园早期建筑被确定为国家重点保护文物）。梁思成、林徽因夫妇也应张学良校长邀请来到东北大学，创建了中国第一个建筑系。

◎1923年东北大学南校（南关校区）校门

◎1923年东北大学北校（北陵校区）校门

1931年，九一八事变爆发，东北大学成为日本帝国主义侵华破坏的第一所大学，北陵校区被日军占领，东北大学一夜之间变成流亡大学，开始了多次迁校流亡之路，辗转北平、开封、西安、三台等多地。东大师生在流亡中不忘救国兴校，在“一二·九”运动和西安事变等一系列爱国运动中，发挥了重要作用。

◎1933年流亡中的东北大学北平总校校门

◎1936年流亡中的东北大学西安分校校门

◎1937年 流亡中的东北大学师生在河南大学举行“东北大学建校14周年大会”

◎1938年 流亡中的国立东北大学三台校址校门

1946年3月，抗日战争胜利后，国立东北大学迁回沈阳，年底，在北陵原校址开学。1948年6月，南京政府令国立东北大学再迁北平。1949年1月，北平解放，国立东北大学被一分为多。

◎1946年 回沈复校后的国立东北大学沈阳北陵校址校门

◎1948年 国立东北大学再迁北平校址校门

1949年9月，以国立东北大学工学院和理学院（部分）为基础建立沈阳工学院，校址位于沈阳市铁西区。1950年8月，东北人民政府将沈阳工学院、抚顺矿业专科学校、鞍山工业专科学校三校合组为东北工学院，著名冶金专家靳树梁担任院长。

1950年10月，东北人民政府决定成立东北工学院长春分院，二年级及以上学生集中在总院学习，一年级学生到长春分院学习。1952年8月，长春分院被撤销，师生全部迁回沈阳校本部。

1951年10月，东北人民政府工业部批准了东北工学院南湖校区基建工程开工申请，机电馆、冶金馆、采矿馆、建筑馆等一大批存续至今的著名建筑在这一阶段建成。1953—1956年，东北工学院铁西校区师生陆续迁入南湖校区。

◎1949年 沈阳工学院办公楼

◎1950年 东北工学院成立时的铁西校址校门

◎1950年 东北工学院长春分院办公楼

◎1953年 东北工学院南湖校址校门

1987年6月，经国家教委和冶金工业部批准，东北工学院秦皇岛分院成立，校区位于河北省秦皇岛市。东北工学院两校区办学自此开始。

1992年11月，东北大学老校长张学良为东北大学题写校名。1993年3月，国家教委批准在沈阳东北工学院基础上恢复东北大学校名。张学良接受东北大学的聘请，出任东北大学名誉校长。东北工学院秦皇岛分院更名为东北大学秦皇岛分校。

◎1987年 东北工学院秦皇岛分院揭牌仪式

◎1993年 东北大学复名庆典

2001年6月，东北大学基础学院成立，校区位于沈阳市沈河区。东北大学三校区办学自此开始。

2002年，为了进一步地破解发展空间瓶颈，改善基本办学条件，推动优化学科布局，东北大学启动新校区建设工作，历经波折，仍砥砺前行。

◎2001年 东北大学基础学院校门

◎2014年 东北大学浑南新校区东校门

2011年，东北大学新校区选址于沈阳市浑南区。新校区单体建筑设计由八位国内知名建筑大师联袂创作，大气恢宏，品质卓越。新校区建设者在条件极其艰苦的情况下，突破创新，以“五加二”“白加黑”的工作模式，为学校发展开疆拓土。历时不到两年，一期8个单体近24万米²建筑交付使用，并累计为学校节约资金近3亿元。2014年，东北大学浑南新校区被正式启用，首批文法学院等6个学院的师生入驻。东北大学四校区办学格局自此形成。

以守维成则成难继，因创兴业而业自达。东大人在一张张历史考卷面前，努力用行动交出优秀的答卷。在东北大学各个建设时期，学校先后研发出国内第一台模拟电子计算机、第一台国产CT和第一块超级钢，取得了钒钛磁铁矿石冶炼技术、钢铁工业节能理论和技术、控轧控冷技术、混合智能优化控制技术等一大批高水平科研成果，兴办了第一个大学科学园，培育了东软、东网等高新技术企业，在技术创新、转移和产学研合作方面，形成了自己的办学特色。在科技部近3年发布的全国技术市场统计年度报告中，东大输出技术成交额均排名全国第一。

如今，辽宁省沈阳市浑南区创新路195号已经成为东北大学新的坐标点，1号公共教学楼、图书馆、信息学馆、生命学馆、文管学馆、建筑学馆、风雨操场、学生生活服务中心、能源动力中心、电力开闭站和5栋学生宿舍（总计15栋）相继投入使用，合计建筑面积38万米²，进驻学院包括文法学院、马克思主义学院、工商管理学院、中荷生物医学与信息工程学院、生命科学与健康学院、江河建筑学院、软件学院、计算机科学与工程学院、机器人科学与工程学院共9个学院，进驻师生约1.3万人。拥有着国际化的设计理念、现代化的教学环境、人性化的服务保障，东北大学浑南新校区不仅成为东北大学的新地标，而且成为城市和区域的新地标，正以崭新的面貌迎接来自五湖四海的莘莘学子。

诚如先人在炮火中辗转，保存东大根脉，不忘求学、兴校、强国之志，我辈东大人也在当今发展机遇和大潮面前奋发图强、谋求发展，在保证学校事业发展、推进一流大学建设进程中，完成了东北大学历史上首次主动性的、最大规模的校区扩张和迁移工作。

新校区建设奇迹的缔造是社会各界帮助扶持、学校领导统筹规划、广大校友关注支持、全校师生共同努力、新校区建设者和管理者攻坚克难共同努力的成果，是新时代东大人团结奋进、追求卓越的典范，是新时代东大人践行“自强不息，知行合一”校训精神的最好诠释。

当历史的指针指向公元2018年，东北大学已经走过了95年的征程，既有辉煌繁荣，也有颠沛流离和奋发图强。东北大学浑南新校区投入使用已有4年，有过犹豫彷徨，更有团结协作、攻坚克难、敢打必胜的决心和行动。鉴于东北大学曲折辉煌的校区变迁史和浑南新校区荡气回肠的建设史，恰逢建校95周年，用点滴文字和帧帧画面聊为记录，以为纪念。一位知名建筑学家说过：“城市是一本打开的书，从中可以看到它的抱负。”我们说：“学校的建设史也是一本厚重的书，打开它，我们可以看到东大人的抱负。”对于这所向建成世界一流大学目标奋勇前进的大学而言，过去种种，皆为序曲，东大人不应该忘记；未来桩桩，有如新生，掌握在每一个东大人的手里。

编　者

2018年6月

目录

筑梦印象

东北大学浑南新校区建设史册

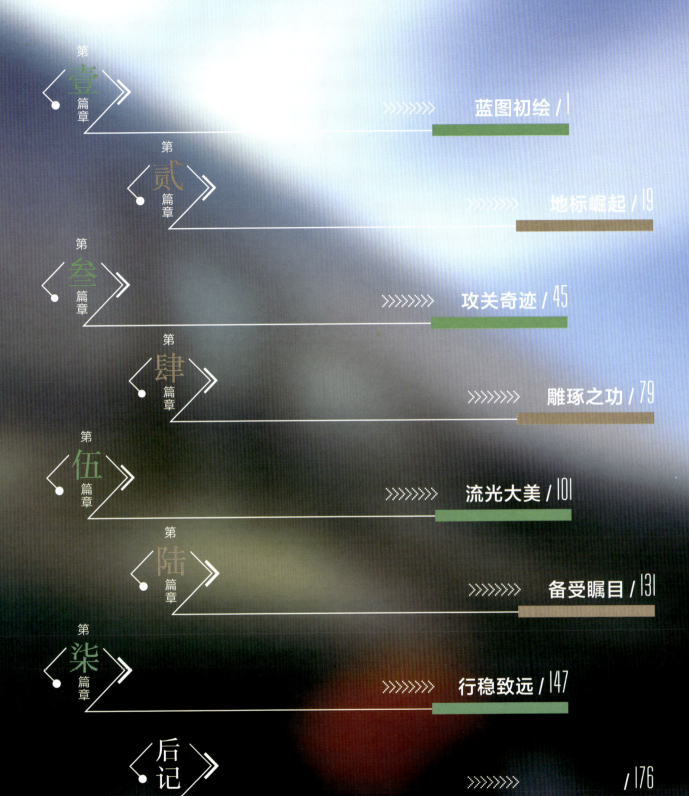

第壹篇章

蓝图初绘

白山黑水，浑河南堤，东大人规划宏图；
万顷新地，师生共谋，东大人扬帆再航。
承先人之志，举全校之力，再续自强不息的精神气概；
破发展难题，兴百年名校，再圆万余师生的深情厚望。

“自强不息，知行合一”，东大人逐梦之路从未停歇！

2011年，东北大学启动新校区建设工作，选址于沈阳市浑南区。教育部领导高度重视东北大学浑南新校区建设工作，多次莅临新校区选址现场进行考察。

2

◎2011年4月25日 教育部发展规划司直属基建处处长韩劲红考察新校区选址

◎2011年5月10日 时任东北大学党委书记孙家学、副校长陈德祥考察新校区选址

◎2011年11月16日 时任东北大学校长丁烈云向教育部发展规划司司长谢焕忠汇报新校区规划情况

3 民主决策

经多指标对比并征求多方意见，最终确定新校区选址。2011年6月12日，时任东北大学校长丁烈云与沈阳市浑南区政府签订用地协议。从此，辽宁省沈阳市浑南区创新路195号成为东北大学的又一坐标点。

◎2011年5月17日上午 向离退休干部征求新校区选址意见

◎2011年5月16日 向离退休领导和院士征求新校区选址意见

◎2011年5月17日下午 向教代会代表征求新校区选址意见

◎2011年5月25日 向校内专业人士征求新校区选址意见

◎2011年6月20日 东北大学浑南新校区总体规划方案竞赛文书发布会举行

◎2011年6月20日 参与规划方案竞赛的设计院代表参观校史馆

◎2011年6月20日 参与规划方案竞赛的设计院代表实地踏勘新校区

见始知终

东北大学浑南新校区总体规划方案竞赛得到了国内外的高度关注，清华大学建筑设计研究院有限公司、同济大学建筑设计研究院（集团）有限公司、华南理工大学建筑设计研究院、德国Pesch建筑规划公司、日本鹿岛建设（沈阳）技术咨询有限公司等5家设计单位前来参加竞赛。

4

5

专家评审

东北大学邀请9名国内知名建筑规划专家组成评审专家组，对5家规划方案进行现场评审，专家组一致认为，5项规划方案各有特色、各有所长，体现了较高的设计水准、较先进的设计理念，但均有待完善。会议决定在广泛征求多方意见的基础上，开展第二轮评审。

◎2011年8月4日下午 评审专家对东北大学浑南新校区总体规划方案进行评审

◎2011年8月3日 向评审专家介绍东北大学概况和新校区规划组织情况

◎2011年8月4日 东北大学浑南新校区总体规划方案竞赛评审会举行

◎2011年8月5日 邀请沈阳区域专家对东北大学浑南新校区总体规划方案进行评审

◎2011年8月 参与规划竞赛的5项作品在南湖校区主楼一层大厅展示，面向全校师生征集意见

◎2011年8月31日 时任辽宁省副省长陈超英来校听取东北大学浑南新校区总体规划方案汇报

◎2011年8月25日 向东北大学领导班子征求第一轮总体规划方案意见

6 意见征集

2011年8—9月，东北大学就新校区总体规划方案广泛征求意见。各方代表和东北大学师生对方案提出很多建设性的意见和建议。据不完全统计，直接征求意见人数超过1000人。最终，华南理工大学建筑设计研究院和日本鹿岛建设（沈阳）技术咨询有限公司方案入围第二轮评审。

◎2011年8月16日 向离退休教师代表征求第一轮总体规划方案意见

◎2011年8月22日 向教代会代表征求第一轮总体规划方案意见

◎2011年9月20日 向机关和直属部门负责人征求第一轮总体规划方案意见

7 表决通过

在第二轮评审中，入围的华南理工大学建筑设计研究院和日本鹿岛建设（沈阳）技术咨询有限公司（以下简称日本鹿岛）汇报了改进优化后的规划设计方案，最后，10名校领导、19个机关部处的负责人、18个学院的院长和书记、6个直属部门负责人、3名教师代表以及3名离退休代表对两个方案进行了公开投票，共计发出选票59张，收到有效选票53张，经统计，日本鹿岛的规划方案以38票获最高票数。日本鹿岛方案在东北大学第六届教职工代表大会第二次会议集体表决通过。

◎2011年10月8日 东北大学浑南新校区总体规划方案竞赛第二轮评审会举行

◎2011年10月12日 东北大学第六届教职工代表大会第二次会议通过新校区总体规划设计方案

◎2012年1月13日 8位单体建筑设计大师与日本鹿岛共同研讨东北大学浑南新校区总体规划优化方案和单体建筑设计导则

◎2011年12月12日 日本鹿岛汇报整体规划深化设计方案

无缝契合

为实现单体建筑设计与总体规划方案的无缝契合，东北大学组织8位单体建筑设计大师与日本鹿岛共同研讨新校区总体规划优化方案，并制定单体建筑设计导则。实践证明，单体建筑设计导则的确立对后续单体建筑设计工作的顺利开展发挥了不可或缺的重要作用。

◎2012年2月7日 时任东北大学校长丁烈云与部分单体建筑设计大师参观校史馆并合影

9

八位大师共谋东大发展

总体规划方案确定之后，东北大学立即着手开展单体建筑设计工作，要求各位设计大师在单体建筑设计导则指导下，充分理解东北大学的历史文化内涵，实现新老校区的继承与创新。

◎2012年3月2日 东北大学浑南校区单体建筑（集群）方案汇报会（第一次）举行

10

追求卓越

东大人追求卓越，经过10余轮与8位设计大师的沟通和研讨，力求使建筑功能、造型、形态和色彩等设计臻于完美，为建设一流校园全力以赴。

东大人追求创新，通过限额设计、三重内审、材料提前调研等多项举措，不断提高建筑设计品质，提高投资收益。

◎2012年4月1日 东北大学浑南校区单体建筑方案汇报会（第二次）举行

◎2012年3月25日晚 新校区建设者加班审查图纸

◎2012年3月21日 时任东北大学副校长张国臣率队赴北京与设计单位研讨设计方案

◎2012年5月16日 新校区建设者与体育场馆管理中心负责人沟通使用需求

◎2012年5月18日 新校区建设者与软件学院负责人沟通使用需求

◎2012年7月5日 新校区建设者与校长办公室、教务处等部门负责人沟通使用需求

◎2012年7月6日 新校区建设者与学生处、团委、后勤服务中心等部门负责人沟通使用需求

◎2012年7月6日 新校区建设者与图书馆等部门负责人沟通使用需求

量体裁衣

2012年5—7月，新校区建设者陆续组织召开20余场专题单体建筑使用功能研讨论证会，与各建筑使用单位保持密切沟通，最大限度地满足各使用单位的需求。

/ 校门设计 /

东北大学浑南新校区校门和围墙设计也在紧锣密鼓地进行，如何设计出体现文化传承、历史韵味，特色突出而又经济合理的校门成为一次又一次方案完善的焦点。

12

◎2012年12月6日 东北大学浑南新校区校门和围墙设计方案征集汇报会举行

◎2012年12月6日 东北大学浑南新校区校门和围墙设计方案进行公开展示和意见征集

东北大学浑南校区校门、单体建筑室内装修和景观方案汇报会

◎2013年4月25日 东北大学浑南校区校门、单体建筑室内装修和景观方案汇报会举行

◎2014年7月24日 东北大学浑南新校区景观设计方案汇报会举行，东北大学校长赵继，党委副书记、纪委书记杨明，总会计师芦延华，副校长孙雷出席会议

◎2014年6月12日 单体建筑景观概念方案和整体景观整合交流会举行

◎2013年8月27日 时任东北大学副校长张国臣率队考察校门石

从2013年东北大学浑南新校区单体建筑建设之时，东北大学即着手开展整体景观设计工作，配合各单体建筑设计出符合学校特色、轴线明晰、灵动鲜活而又古朴大雅的校园景观是新校区建设者的不懈追求。

◎2012年5月24日 考察中国医科大学新校区建设情况

◎2011年5月26日 考察辽宁大学新校区建设情况

◎2011年6月10日 考察四川大学新校区建设情况

远溯博索

从2011年开始，为学习、借鉴国内兄弟高校建设经验，提升东北大学浑南新校区建设品质，新校区建设者用近两年的时间调研了四川大学、同济大学等国内42所知名高校新校区，为东北大学新校区建设提供了重要参考。

◎2012年7月11日 考察沈阳农业大学新校区建设情况

◎2012年4月24日 时任东北大学校长丁烈云率队赴日本东京大学考察新校区建设

◎2013年1月25日 时任东北大学副校长张国臣率队考察澳大利亚昆士兰大学

◎2013年1月29日 时任东北大学副校长张国臣率队考察澳大利亚悉尼科技大学

15

比肩国际

东北大学浑南新校区建设定位在全球视野，向国际一流高校看齐。建设初期，东北大学多次赴国外大学开展调研，收集了国外高校的校园规划、建筑和景观设计、建设经验等大量的宝贵资料。

东北大学浑南新校区建设的迅速推进和取得的辉煌成果得益于建设前期的充分调研与准备。

◎原新校区建设办公室工作人员合影

16

力量整合

2012年3月22日，伴随东北大学浑南新校区现场施工前期准备的深入、迅速推进，东北大学进一步地整合了力量与资源，将原基建管理处与原新校区建设办公室两个部门合并为基建管理处（新校区建设办公室），统筹推进新校区建设工作。

◎原基建管理处工作人员合影

◎2013年5月6日 时任东北大学党委书记孙家学视察新校区规划设计方案落实情况

◎2013年10月28日晚 时任东北大学校长丁烈云慰问新校区建设者，听取单体建筑设计方案优化意见

◎2014年6月17日 东北大学校长赵继视察新校区建设现场，听取二期单体建筑设计方案汇报

◎2012年10月29日 时任东北大学党委副书记熊晓梅视察新校区建设现场，结合设计方案指导建设工作

殚精竭虑

在东北大学浑南新校区选址、总体规划、一期单体建筑设计、二期单体建筑设计和景观设计等各阶段，多位校领导先后多次到新校区现场考察、调研、指导各项工作，体现了东大人追求卓越、敬业爱校、勤恳实干的精神风貌。

第贰篇章

地标崛起

建设先驱，赤子之心，开疆拓土，一马当先；科学决策，统一指挥，十大建筑，遍地开花；锐意进取，勇于担当，日夜冬夏，奋战不休；安全质量，成本进度，统筹兼顾，成绩斐然。

◎2011年10月18日 东北大学浑南新校区地界上首次竖立起建设宣传牌

◎2011年10月21日 测绘院进行现场勘查定界打桩

20

播下希望的种子

带有东北大学浑南新校区规划效果图的宣传牌首次竖立在新校区的地界上，标志着一个新的建筑地标和文化高地即将崛起！

新校区打下第一根定界桩，对于东大人来说，就好像播下了一颗希望的种子，期待明天结出丰硕的果实！

随着校园围挡的全面建设，新校区开始以相对完整的姿态面世，标志着东北大学历史上首次主动性的校区建设和迁移工程拉开了序幕！

◎2011年12月3日 东北大学浑南新校区地界上开始大范围建设围挡

◎2011年秋季 东北大学浑南新校区选址实景

◎2011年10月 东北大学浑南新校区进行初步地质勘查

抢抓契机

东北大学浑南新校区选址地原是一片耕地，地势低洼，地面标高比道路标高低2米多。为保证校区排水通畅，避免雨水倒灌，东北大学抢抓沈阳市承办第十二届全运会契机，免费收存土方200余万米^3，成功地将选址地面标高垫起，仅此一项举措就节省资金6000余万元。

为适应新校区建设的全面展开，东北大学研究制定了建设、审计、招标“三驾马车”并行齐管的不相容运行机制，建立健全10余项管理制度，为新校区建设的平稳推进建立了行之有效的顶层机制。

21

◎2011年12月19日 东北大学浑南新校区收存土方进行中

2012年开春之后，新校区建设者便常年驻守在这片承载了东大人百年夙愿的土地上。一把遮阳伞和几个塑料凳构成了当时这片土地上唯一的办公区，但却支撑起新校区建设的伟大工程，即使指挥部开建，依然选择的是彩钢临时房。

东大基建人最善于开拓创新。将施工临时道路建设在永久道路下，既有效地避免了原有耕地及回填土土质松软造成永久道路沉降损坏的问题，又节省了永久道路路基的建设费用，极大地提高了永久道路的质量。

东大基建人最善于攻坚克难。新校区选址原为耕地，周边市政管网还未完善，没有饮用水源，建设者便自己打井，解决这一难题。

◎2012年8月 东北大学浑南新校区建设指挥部开工建设

◎2012年9月 新校区建设者攻坚克难，在新校区打下第一口井

◎2012年9月 时任东北大学副校长张国臣视察新校区临时道路建设情况

23

突破创新

为保证2013年春季建筑主体开始施工，新校区建设者决定于2012年冬季克服严寒造成的困难，完成桩基施工工作。郊区一马平川，寒风刺骨，气温极低，桩机必须24小时施工，一旦中途停止，混凝土即刻冻结，就无法保证施工质量，建设者必须日夜施工，确保工程进度和质量。

图书馆所在地原为一片很深的淤泥地，桩机无法进入作业，清淤成本较高。经多方论证，新校区建设者决定利用地面冻实至开化前的短暂时间作业。冰天雪地的12月，桩机顺利进场，夜间不间断施工。

最终47天打下6791根桩，圆满地完成了施工任务。

◎2012年11月8日 东北大学浑南新校区第一批桩基施工开始

◎2012年12月7日 新校区建设者冬季巡视施工现场

24 历史的见证

2012年11月27日对于东大人来说是不同寻常的日子。这一天，东北大学浑南新校区奠基，省市领导、校领导和师生代表等数百人齐聚这片土地，见证了东北大学的再次发展与腾飞。如今的那块奠基石依然被完好地保存在新校区建设指挥部中，并且成为了这片土地永久的“镇宅之宝”！

25

◎2012年11月27日 东北大学浑南新校区奠基仪式准备工作正在进行

◎2012年11月27日 东北大学浑南新校区奠基仪式举行，时任辽宁省副省长陈超英、沈阳市市长陈海波出席奠基仪式

◎2012年11月27日 东北大学师生代表数百人参加奠基仪式

◎2012年12月4日 被叫停的桩基施工现场

◎2012年12月4日晚9时 研讨解决方案

“良好”的开端是成功的一半

施工并非一帆风顺，而新校区建设者对学校事业发展、对新校区建设、对工程质量的坚守与责任丝毫不减。2012年12月4日晚，建设者们在巡视施工现场时，发现风雨操场项目桩基施工存在问题，便立即勒令停工，召开紧急会议，坚决要求各施工单位严格按照技术标准施工，不合格的桩基必须返工整改。这一事件的坚决处理也为新校区建设的顺利推进打下了坚实的基础。

◎2013年6月 全面开工的东北大学浑南新校区建设现场

◎2013年5月12日 东北大学浑南新校区信息科学大楼、生命科学大楼开工仪式庆典举行

27 八大建筑遍地开花

2013年5月，第一批单体建筑开工建设，在新校区建设动员大会上，“八大建筑遍地开花”的誓言开始变成现实。一期建设项目共有八栋单体，包括生命科学大楼、信息科学大楼、文科1楼、文科2楼、学生生活服务中心和3栋学生宿舍，合计近24万米²。

28

质量是工程的生命

新校区建设者一直将工程质量放在新校区建设的首位，每天例行巡视工地，检查重要的施工节点，不放过任何一个细节。

2013年7月30日，建设者们在巡视过程中发现文科1楼钢筋绑扎存在问题，便立即勒令停工，组织各相关单位主要负责人召开现场会议，及时解决问题，消除了重大安全隐患，并要求施工单位更换了不称职的项目经理。

◎2013年6月21日 新校区建设者巡视施工现场，勘验钢筋质量

◎2013年7月30日 新校区建设者现场指导施工

/ 主体封顶 /

©2013年9月14日 时任东北大学副校长张国臣出席生命科学大楼封顶仪式

“百年”工程

东北大学浑南新校区不仅建筑按照“百年”工程标准进行建设，道路建设依然如此。道路采用钢筋混凝土基础，双层双向钢筋网，面层采用3层160mm厚沥青混凝土，加之建在临时道路上，基础经累年沉压，道路质量一流，并且考虑后期发展预留多处管涵，避免后期施工对道路造成破坏。

◎2014年5月15日 东北大学浑南新校区永久道路双层钢筋网铺设

◎2014年5月20日 东北大学与沈阳国润低碳热力有限公司签署合作协议

33

东北大学高度重视新校区热源比选，责成后勤管理处会同基建管理处共同赴全国各地进行热源供应方式考察，组织专家论证，并加快推进能源动力中心供暖设施建设。

◎2013年5月19日 新校区建设者考察热源供应方式

◎2014年8月16日 弱电电缆沟施工

◎2014年4月23日 强电电井施工

东北大学浑南新校区规划建设自维电力开闭站。新校区建设者凭借超强的专业能力和多年的工程建设经验，进一步地优化、简化电力设计方案，保证了电力系统的平稳运行，并节省资金4000余万元。

为了进一步地节约建设成本，在通信基础设施建设方面，东北大学尝试与网络通信运营商合作建设。经过多方努力，东北大学与联通公司签订合作协议，顺利地完成了系统的建设、安装与调试，并节省资金2000余万元。

35

集中式制冷

为了进一步地适应时代发展，为师生营造良好的学习环境，经考察全国相关高校，组织专家专题研究，就初投资、运行管理费用和噪声影响等方面充分论证，东北大学浑南新校区空调系统采用集中式制冷方式，最大限度地扩大建筑的有效使用面积、减少空调系统建设投资、减少冷却塔运行噪声对教学活动的影响、减少后期运行管理成本。同时，充分地考虑合理的负荷，为学校事业发展预留出足够的空间。

此外，借鉴国外一流高校建设经验，部分教学场馆不采用吊顶，以最原始、自然、归真的清水混凝土为顶，通风管道和风口施工精益求精，整齐规范。

◎2014年5月11日 安装空调

◎2014年7月11日 能源动力中心空调冷却塔建成

36

校区建设相对单体建筑建设要复杂得多，特别是在综合管网方面。学校从维护管理、系统平衡、造价控制等多方面统筹考虑校区整体管网规划。在消防系统方面，在图书馆集中设置消防水池，统一供应全校区消防用水；在供暖系统方面，在两个对角位置集中设置两个换热站，保证供暖效果；在电力系统方面，采用双路10kV高压输电，既保证了电力系统平稳运行，又节省了工程造价，同时为各教学场馆预留出足够的电容量，为未来发展提供了更多的可能。

◎2013年11月14日 新校区建设者检查进场管网质量

◎2013年12月5日
管网局部完成效果

©2014年5月5日 文科2楼清水混凝土天棚施工完成

37

艺术呈现的结晶

在施工过程中，为实现每一个设计创意，新校区建设者都需要克服诸多施工难点，文科2楼一层多功能厅的清水混凝土天棚施工就是一例。这项“绣花工程”是由清水混凝土一次浇注成型的0.2米宽、1.4米高的井字梁顶棚，不做其他任何饰面材料，直接由结构主体混凝土本身的肌理、质感组合而成的一种自然状态装饰面。在施工过程中，既要准又要慢，浇注时稍有差池，整个镂空设计就会有瑕疵。施工单位多次提出调整施工工艺的建议，但为了完美地呈现设计效果，新校区建设者要求施工单位召集全国掌握此技术的工程师前来共同施工，经过67天的奋战，最终圆满地完成了施工任务。

◎基建工作简报

38

阳光工程

自东北大学浑南新校区建设开始，建设者们便通过基建工作简报和基建管理处网站宣传等多种形式向师生通报建设情况。

◎基建管理处（新校区建设办公室）网站截图

39

东北大学浑南新校区各单体建筑均由国内知名建筑师进行设计，设计亮点也是施工难点，新校区建设者不定期邀请各单体建筑设计师来施工现场指导施工，解决现场遇到的各种问题，为工程顺利推进提供了支持。

◎2016年6月8日 设计师到新校区建设现场进行调研

◎2014年6月12日 设计师到新校区施工现场进行指导

◎2014年5月6日 时任东北大学党委书记孙家学视察新校区建设情况

40

东北大学高度重视新校区建设工作。在重大关键时间节点，多位校领导先后到建设现场视察、指导、协调、推进建设工作。

◎2014年6月19日 东北大学校长赵继视察新校区建设情况

◎2014年4月15日 时任东北大学党委副书记熊晓梅视察新校区建设情况

◎2014年6月15日 东北大学副校长孙雷视察新校区建设情况

◎2013年5月 跟随新校区建设者巡视施工现场的伙伴

◎2013年正月十五清晨 等候在东北大学南湖校区主楼西侧广场的通勤大客

◎2013年7月 跟随新校区建设者巡视施工现场的伙伴

42

长情的陪伴

2013年正月十五清晨，当东北大学师生欢度节日之际，新校区的通勤大客依然像每天一样停泊在主楼西侧广场，每年365天照发不误。新校区选址距南湖校区近20千米，在新校区启用前的几年中，新校区建设者始终坚持每天往返于两地之间，这辆大客陪伴他们度过了数个春秋，成为新校区建设的重要支撑，成为建设者们的重要伙伴。

新校区建设指挥部建设之时，方圆几里几乎没有人烟，空旷得让人心生不安。狗成为那个时期建设者们的忠诚守护者，陪伴建设者们度过了那段最艰难的时光，有些流浪狗也被收养看家护院，在这里安家，按照到来顺序，它们分别被以数字命名。如今，“小七儿”的儿女已经在这里满周岁了。

43

为谁?

东北大学浑南新校区长有大面积的豚草，生命力极强，且散发着令人体过敏的花粉，加之施工车辆频繁出入、施工机械繁忙作业、空旷地区常年风大等，使得扬尘很难治理，导致很多建设者患上了过敏性鼻炎。还有很多建设者在工作岗位上累倒并住进医院，刚手术完，就立即回到工作岗位。

◎2014年7月 东北大学浑南校区管委会开展除豚草义务劳动

◎2014年8月 车辆行驶卷起的扬尘

第叁篇章

攻关奇迹

两载春秋，不负华年，再创东大新奇迹；
全校师生，上下一心，共筑东大新起点；
八大学院，同心协力，开启东大新纪元；
中国特色，世界一流，续写东大新辉煌。

46

2014年6月19日，东北大学浑南新校区建设推进工作领导小组第八次会议在新校区建设指挥部会议室召开，校领导赵继、杨明、芦延华、孙雷和相关职能部门负责人出席会议。

会上，基建管理处就校园路网、管线、电力、燃气等建设进展进行了汇报；信息技术研究院就校园网络建设情况进行了汇报；信息化建设与网络安全办公室就通讯建设情况进行了汇报；浑南校区管委会就交通、物业、绿化、校园文化服务项目建设情况进行了汇报；后勤管理处就学生宿舍用床招标采购情况进行了汇报；后勤服务中心就学生食堂人员配备和培训情况进行了汇报；教务处就教学工作安排情况进行了汇报；校医院就医疗设施配备情况进行了汇报；图书馆就临时图书馆装修方案和家具装备情况进行了汇报；宣传部就广播站建设和街路命名、路标路牌设计工作情况进行了汇报……

◎2014年6月9日 东北大学浑南新校区建设推进工作领导小组第六次会议召开

◎2014年6月19日 东北大学浑南新校区建设推进工作领导小组第八次会议召开

◎2014年7月30日 时任东北大学党委副书记熊晓梅主持召开新校区搬迁工作协调会，听取相关部门准备情况汇报

◎2014年8月18日 东北大学副校长孙雷视察新校区建设情况，现场检查工程施工进度

东北大学浑南新校区建设进入决胜阶段。为了进一步地做好收尾工作，确保新校区按时启用，校领导频繁视察新校区，现场协调解决建设困难，指导相关工作开展，为新校区顺利启用奠定了坚实的基础！

◎2014年8月12日 时任东北大学党委书记孙家学视察新校区建设情况，听取建设情况和急需协调解决的问题汇报

◎2014年8月15日 东北大学校长赵继视察新校区东校门、围墙、人行道路铺装等建设情况，要求抓好“最后一公里”的收尾工作

◎2014年8月19日 东北大学原校长丁烈云再回东北大学视察新校区建设情况，虽然已经离任，但仍心系新校区建设

◎2014年9月2日晚 东北大学校长赵继与正在加班的建设者们座谈，代表学校对全体新校区建设者的辛勤付出表示感谢，并要求保证施工质量和工期节点，确保新校区按时启用

◎2014年9月3日 时任东北大学党委副书记熊晓梅检查新校区搬迁准备情况，现场召开搬迁工作协调会

◎2014年9月6日 东北大学副校长孙雷主持召开新校区建设推进工作领导小组第十七次会议，他要求在新校区即将启用之际，各部门要坚定信心、通力合作、坚持不懈、克服一切困难，确保新校区按时启用

◎2014年9月8日 时任东北大学党委书记孙家学慰问仍奋战在建设一线的新校区建设者

50

保质守时

为确保东北大学浑南新校区如期启用，在最后的几个月中，新校区建设者昼夜奋战、攻坚克难，现场形象进度日新月异，最终各项收尾工程均在规定的时间内保质保量地完成，创造了东北大学校园建设史上的奇迹。

◎2014年7月11日 学生宿舍内部装修施工

◎2014年8月4日 文科1楼外墙砌筑施工

/ 工程收尾 /

◎2014年9月3日 阶梯教室地胶施工

◎2014年8月14日 信息科学大楼幕墙玻璃安装

◎2014年9月3日 学生生活服务中心内部装修施工

◎2014年9月6日 文科2楼北侧外墙施工

◎2014年9月12日 生命科学大楼水磨石地面施工

◎2014年9月13日 计算机教室防静电地板安装

53

2014年9月11日，东北大学浑南新校区校园中心电力开闭站、各单体变电所和各单体低压配电室完成逐级送电，标志着新校区电力系统正式运行并投入使用。

◎2014年9月 电力开闭站投入运行

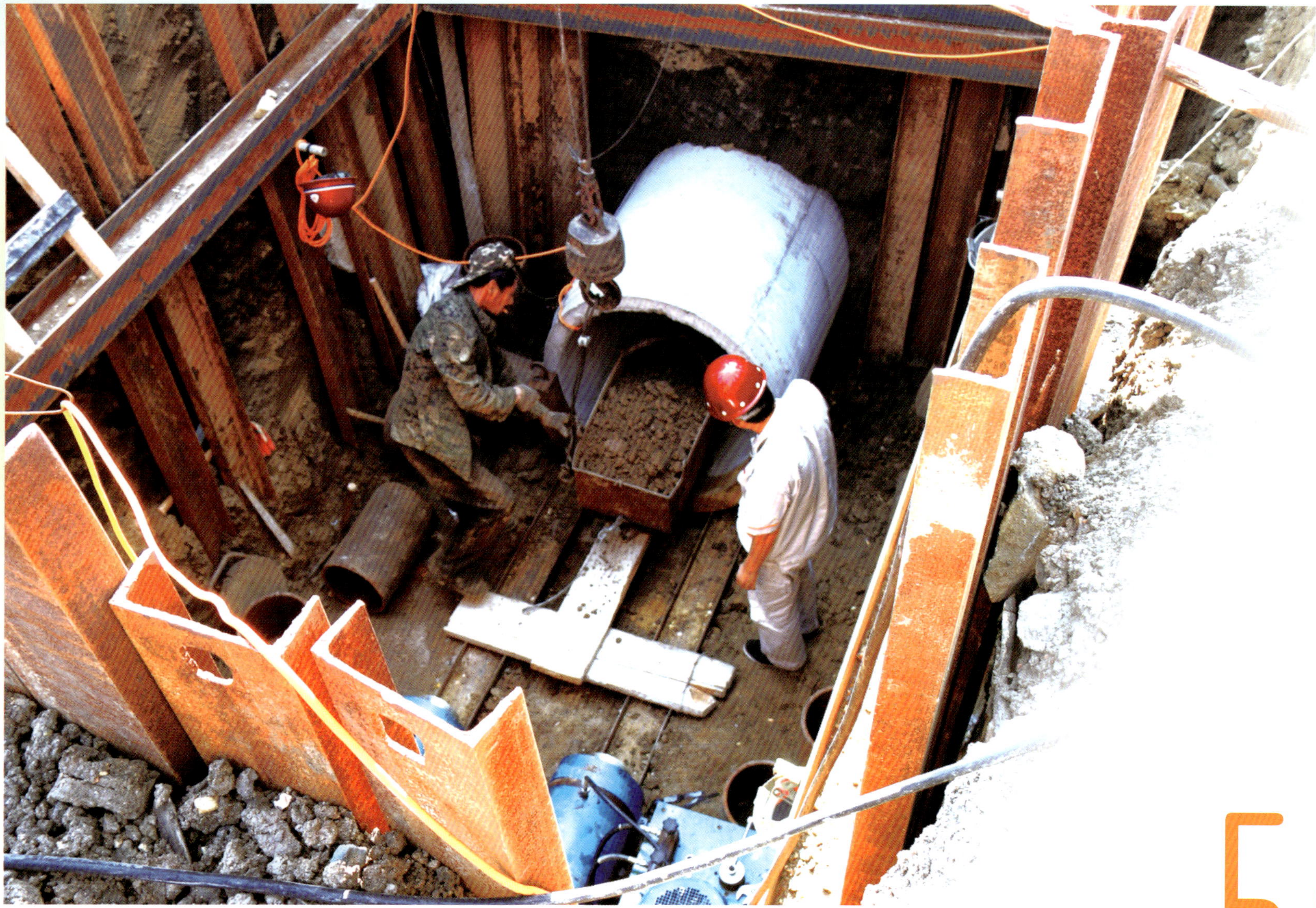

◎2014年8月16日 煤气管网顶管施工

◎2014年8月 煤气调压站建设完成

54

为了不破坏原市政道路，减少施工影响，施工工人在校园西侧沈营大街进行煤气管网顶管施工。

在东北大学浑南新校区2号学生宿舍南侧靠近围墙的位置，一栋不起眼的小房子便是整个校区的煤气调压站，为东北大学师生餐饮提供最重要的能源保证。

/ 工程收尾 /

◎2014年8月29日 能源动力中心生活给水泵安装调试完毕

◎2014年9月2日 自来水开栓

◎2014年9月2日 浑南新校区自来水开栓，建设者现场指导开栓工作

东北大学浑南新校区主干管网工程于2013年年底基本竣工，直至建筑外墙脚手架拆除后，园区管网才实现了与各单体建筑的连通。新校区水、电、煤气的正式开通，标志着新校区基础能源供应保障系统建设基本完成。

◎2014年9月26日 学生宿舍内庭院过渡性临时道路铺设

◎2014年9月21日 校园道路沥青面层铺设

◎2014年9月23日 景观人行道铺设

◎2014年9月23日 校园围墙正在施工

56

创新节约

临近搬迁，东北大学浑南新校区在综合管网施工完成后，加快推进道路及围墙等基础设施施工。因时间紧迫，各建筑庭院道路施工无法在9月启动，为确保庭院道路通畅，建设者们创新性地通过铺设混凝土板的形式搭建了一条方便师生通行的临时路。为节约投资，在完成阶段性使命后，分批将混凝土板循环利用在科技轴、南湖台阶汀步、学院远期预留地等景观处，与校园环境和谐统一。

◎2014年9月1日 东北大学浑南校区管委会代表东北大学与龙源高盛物业公司签订新校区物业服务合同

57

同心协力

在收尾攻坚的几个月中，东北大学基建管理处、浑南校区管委会、后勤管理处、后勤服务中心、图书馆、体育场馆管理中心、教务处、信息技术研究院、校医院、学生管理部门等就建设工程收尾、深度保洁、床位安装、食堂运营、临时图书馆建设、临时运动场地协调、教室设施安装、网络调试、医务室建设、学生活动场地建设等方面的工作进行多部门、多工种交叉作业，为新校区的启用同心协力。

◎2014年9月 大批物业保洁人员进场进行深度保洁

◎2014年9月22日 临时绿化工作完成

◎2014年9月10日
办事大厅桌椅配备完成

◎2014年9月21日
浴池更衣柜配备完成

◎2014年9月24日
学生宿舍洗衣机配备完成

◎2014年9月 超市、文印社、
快递等生活配套服务陆续进驻

◎2014年9月9日 新老校区间通勤班车试运行，为师生往返提供便利

/交叉作业/

◎2014年8月4日 学生宿舍床安装与施工收尾工作同步进行

◎2014年8月20日 食堂工作人员正在检查相关设施

◎2014年9月20日 食堂餐桌椅、卖饭窗口等准备就绪

60

◎2014年9月28日 计算机教室设施配备完成

◎2014年7月20日 教室讲台、桌椅、黑板等进场

◎2014年9月18日 临时图书馆正在建设中

◎2014年9月21日
学生宿舍开放活动室
运动器材配备完成

62

◎2014年9月 东北大学安保团队已经进入全面工作阶段

◎2014年9月22日 东北大学浑南新校区师生活动区围挡建设完成，将活动区与施工区物理分割，在围挡出入口设立岗亭，24小时值守

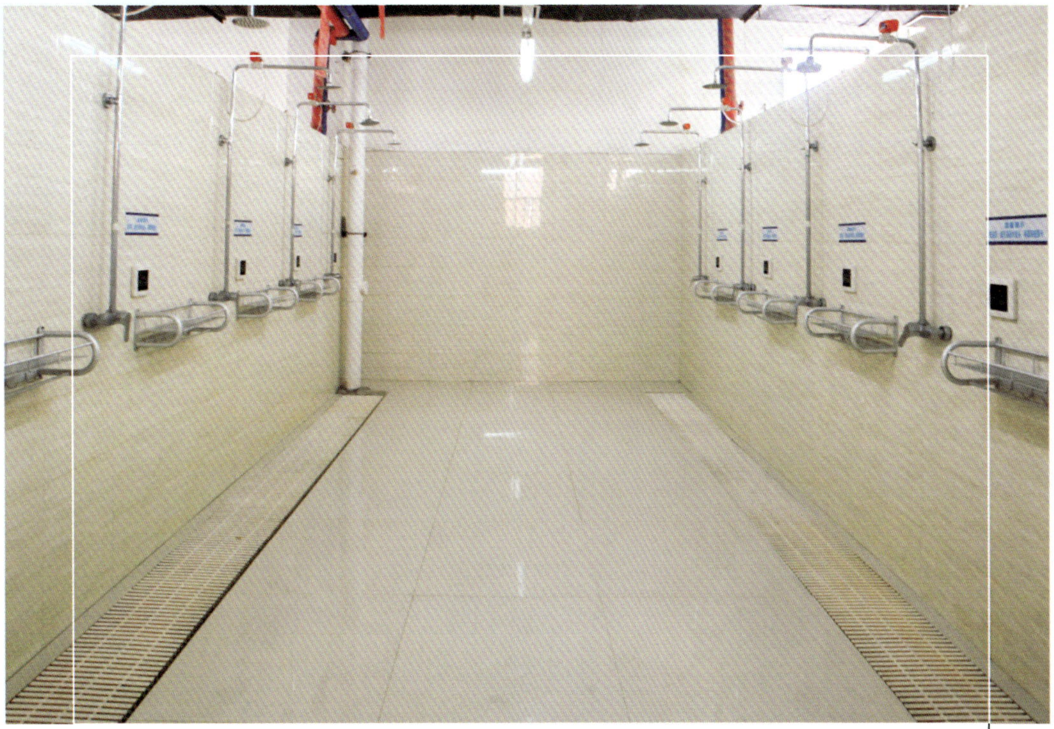

◎2014年10月2日 浴池一卡通安装完毕

◎2014年9月 东北大学医院新校区医务室和医疗团队已做好服务准备

◎2014年9月 学生生活服务中心三层学生活动区布置完成

◎2014年9月 学生临时活动大厅“飘香广场”搭建完成

◎2014年9月 学生活动室布置完成

◎预约等候室

◎咨询室

◎音乐放松工作室

◎心理测量室

◎2014年9月 学生发展咨询服务设施陆续建设完成

66

食堂的投入运营是东北大学浑南新校区启用前的重要工作之一。2014年9月23日，最早进驻新校区做启用准备的各部门工作人员享用了新校区的第一顿午餐。

◎2014年9月23日新校区食堂试运营

在东北大学各部门的通力合作下，新校区各项启用和搬迁准备工作就绪。

◎2014年9月24日 时任东北大学党委副书记熊晓梅在搬迁前一天检查新校区搬迁工作准备情况，在食堂现场办公

◎2014年9月25日 东北大学部分领导与首批搬迁的6个学院领导合影

◎2014年9月25日 第一批搬迁车辆从东北大学南湖校区出发

◎2014年9月25日 第一批搬迁车辆到达东北大学浑南新校区

◎2014年9月25日 时任东北大学党委书记孙家学、副书记熊晓梅与搬迁后的学院领导亲切交谈

2014年9月下旬，东北大学全校师生都在积极为新校区搬迁做准备，两个校区拱门林立、气球飘扬，气氛热烈欢快，到处洋溢着乔迁之喜。新校区搬迁分教职工搬迁和学生搬迁两步进行。9月25日，首批搬迁的文法学院等6个学院教职工率先进驻新校区，布置相关教学办公设施、设备，为正常教学管理活动的开展做好准备。

而此时，距奠基仪式仅过去22个月，在四季分明的东北地区，有效时间不到15个月，新校区建设者完成了23.8万米²建筑和道路、综合管网等基础设施的交付使用，并荣获国家和省、市奖项10余项。

/ 学生搬迁 /

69

2014年9月28日，东北大学文法学院、工商管理学院、中荷生物医学与信息工程学院、生命科学与健康学院、江河建筑学院和马克思主义学院等6000余名学生进驻新校区，每一个东大人都为学校的发展而心生自豪。跟随学生队伍搬迁的辅导员、未搬迁兄弟学院的志愿者、学生宿舍物业管理的阿姨、食堂窗口热情的打饭师傅、门口站岗的保安小哥等都在为学生们的到来而尽心尽力，保驾护航。

◎辅导员老师正通过电话确认其他同学的到达情况

◎数百南湖老校区学生志愿者加入搬迁大军，主动帮助搬迁学生搬运行李

◎学生在现代而舒适的新校区食堂用餐，食堂师傅正在为学生服务

◎学生宿舍物业管理人员整齐划一，准备为入住学生发放钥匙

◎东北大学领导冒雨视察学生搬迁现场

72

东北大学浑南新校区的启用面临诸多困难，如大面积的保洁工作就是一大难题。利用搬迁后的十一假期，学生工作处组织没有外出计划的学生志愿者加入到保洁队伍大军中，为十一后的教学工作顺利开展提供了重要保障。良好的学生工作开端也开启了新校区一项精品学生活动——“我与母校共成长”系列活动。

◎2014年10月5日 学生志愿者正在打扫教室卫生

◎2014年10月8日 新校区师生第一堂课

2014年10月8日，东北大学浑南新校区第一堂课正式开讲，宽敞明亮、科技现代、设施齐全、舒适人本的教室成为新时代东北大学师生求知求学的新阵地。多位校领导视察上课情况，与部分教师、学生亲切交流，并到教室后排感受听课效果。

/ 东门落成 /

74

东北大学浑南新校区东门设计经过多轮的意见征集和方案调整，其造型既与南湖校区北门一脉相承，又与新校区建筑和围墙的陶土砖元素相契合，庄重简洁，文蕴深厚，浑然一体。

/东门落成/

◎2014年10月9日 东北大学领导与新校区建设者及首批进驻新校区的学院领导合影

◎2014年10月9日 东北大学副校长孙雷主持东门揭幕仪式

76

2014年10月9日，东北大学浑南新校区第一批新生报到。新校区的特殊性决定了迎新工作挑战巨大，各部门、各学院高度重视迎新工作，精心策划、密切配合、通力合作，确保了迎新工作有序进行。

因报到时间稍晚，新生的火车票已无法在购票时享受优惠，东北大学报销了所有新生的火车票。一时间，“东大担当”成为新生及家长的热议话题，开启了新生在东北大学学习与生活的良好开端。

◎2014年10月9日 新校区气氛热烈，迎接第一批新生报到

77

为了进一步地拓展学生活动空间，东北大学基建管理处与体育场馆管理中心密切配合，进行临时操场和篮球场的建设，体育场馆管理中心为学生安装了篮球架、单双杠等体育器械。

此外，东北大学工会也为各学院师生配送了跑步机、健身车、乒乓球台等体育健身器材，为丰富师生业余文化活动提供了物资保障。

新校区启用伊始，学生管理部门就建立了“学生接待日”制度，作为一种新型的校生互动沟通长效机制，一直延续至今，师生定期共议共商新校区建设与发展，为新校区安全稳定发展、实现顺利过渡提供了重要保障。

◎新校区建设者参加学生接待日

◎2014年10月 临时篮球场正在施工

◎2014年10月 经平整后的运动场

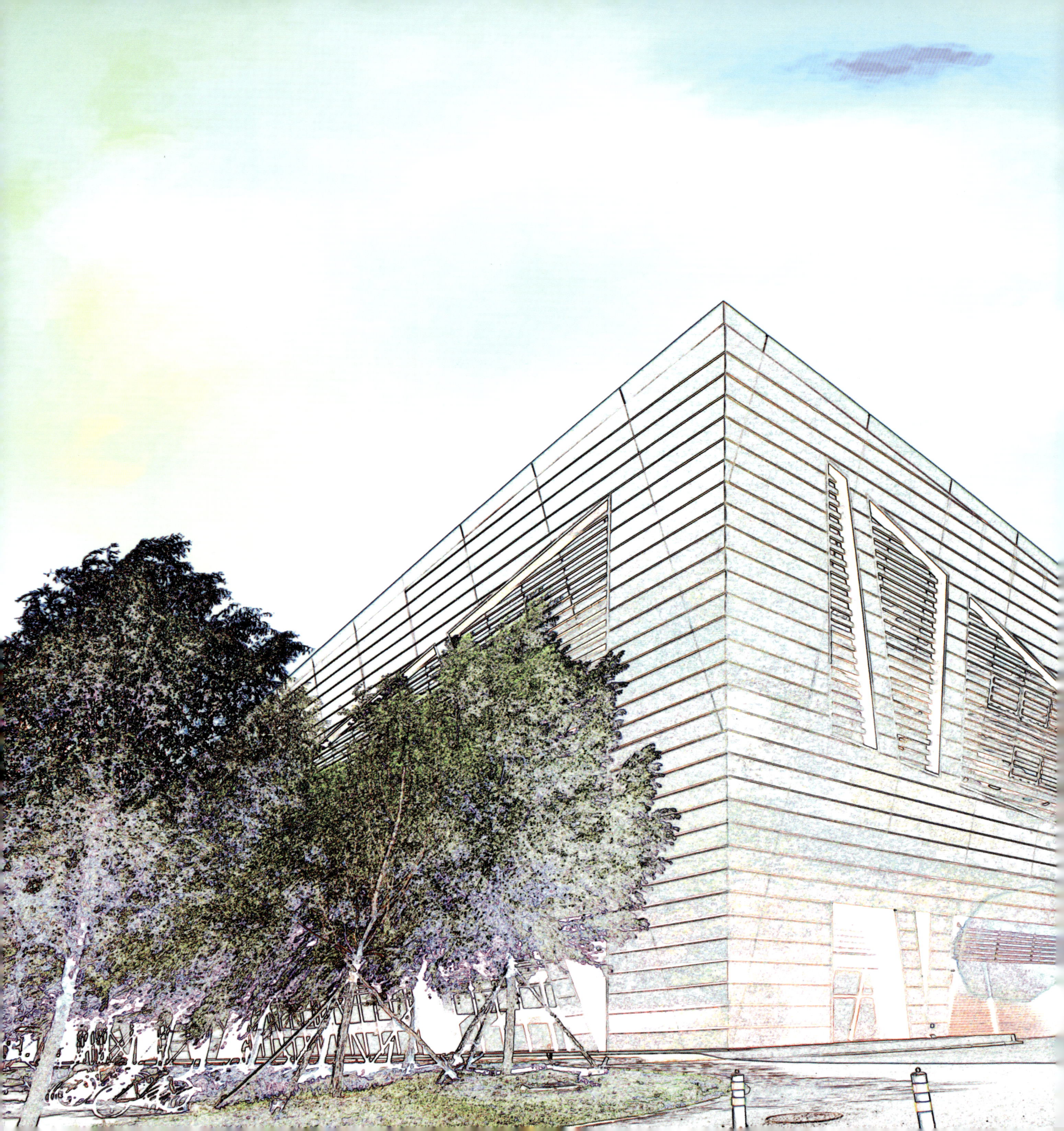

第肆篇章

雕琢之功

实用质朴，不忘初心，以师生为本；
品位生态，精益求精，以创新为魂；
红砖古韵，大气恢宏，巍巍学府作育英才；
雕梁玉柱，别有洞天，鳞次栉比钟灵毓秀。

/ 宿舍大厅 /

◎学生宿舍门厅吧台

80

学生宿舍门厅布局优化设计，增加了砌筑吧台，增强了服务功能，提高了管理人员工作舒适度。同时，人性化设计了等候休息区，方便学生在门厅公共区域等候、休息与交流。

◎学生宿舍门厅休息区

/宿舍门窗/

◎学生宿舍房门

学生宿舍门品质精良，设计巧妙。采用钢质门亚光喷漆，突显品质，节约造价；增加金属门套，结实、耐用而美观，后期维护成本低；上亮开启并设置金刚网纱窗，便于通风且防盗、防蚊虫；增加管理员门锁，提高管理效力。

学生宿舍卫生间创新性地设计了小面积通风窗，既保证了卫生间通风，又解决了冬季开窗导致室内温度过低或暖气冻裂，不开窗室内气味又排不出去的难题。

◎学生宿舍卫生间排气窗

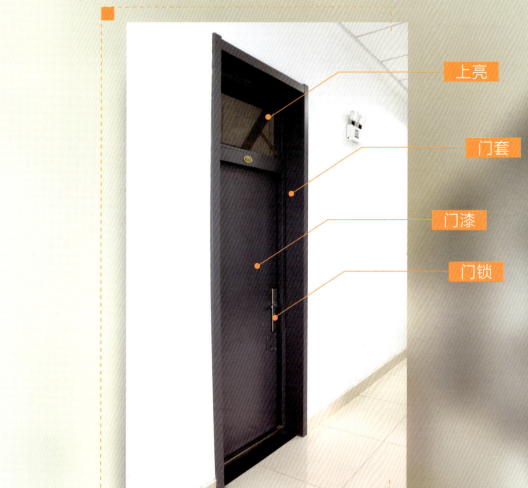

◎1号公共教学楼VR教室

82

科技与教育的结合在1号公共教学楼中完美呈现。现代化的教室中配备了教师一卡通插卡开关机和远程开关机系统、智能板书系统、双工程液晶投影、解放双手的吊麦与吸音板和全过程设备寿命监控系统等，智慧教室与VR教室为现代化教学注入了新的创新动力。

◎1号公共教学楼智慧教室

/ 陶土砖花样砌筑 /

◎1号公共教学楼西门厅
八角形开敞大厅陶土砖砌筑

◎1号公共教学楼南门厅
花式陶土砖砌筑

◎1号公共教学楼外墙砌筑样板墙

1号公共教学楼造型独特，建筑多处结合使用功能，采用花式砌筑，营造独具特色的建筑空间，提高了建筑灵动性。

◎1号公共教学楼北门厅内侧陶土砖砌筑

84

图书馆采用了大面积玻璃窗，使得室内大厅自然光线充足。沐浴阳光，遨游书海，别有一番趣味。从南北连廊上可以俯瞰东西科技轴的全景，东西大门尽收眼底、一览无余。

85

建设者们精心设计了台阶扶手照明设施，创新性地将扶手做了内嵌，将灯带暗敷在扶手内嵌区域，使灯光照射到红砖墙上，灯光通过红砖墙体反射，光线更加柔和，整体效果更加美观实用。

/ 回廊学习桌 /

86

回廊学习桌设置了暖色调灯光、电源插座、网络接口、空调风口，充分考虑学生学习时的各种需求，提高学生学习的舒适度与便利性，成为最受学生欢迎的学习空间。

◎学生坐在图书馆回廊学习椅上学习

◎图书馆回廊学习桌空调口

◎图书馆回廊学习桌

/ 圆弧形服务台 /

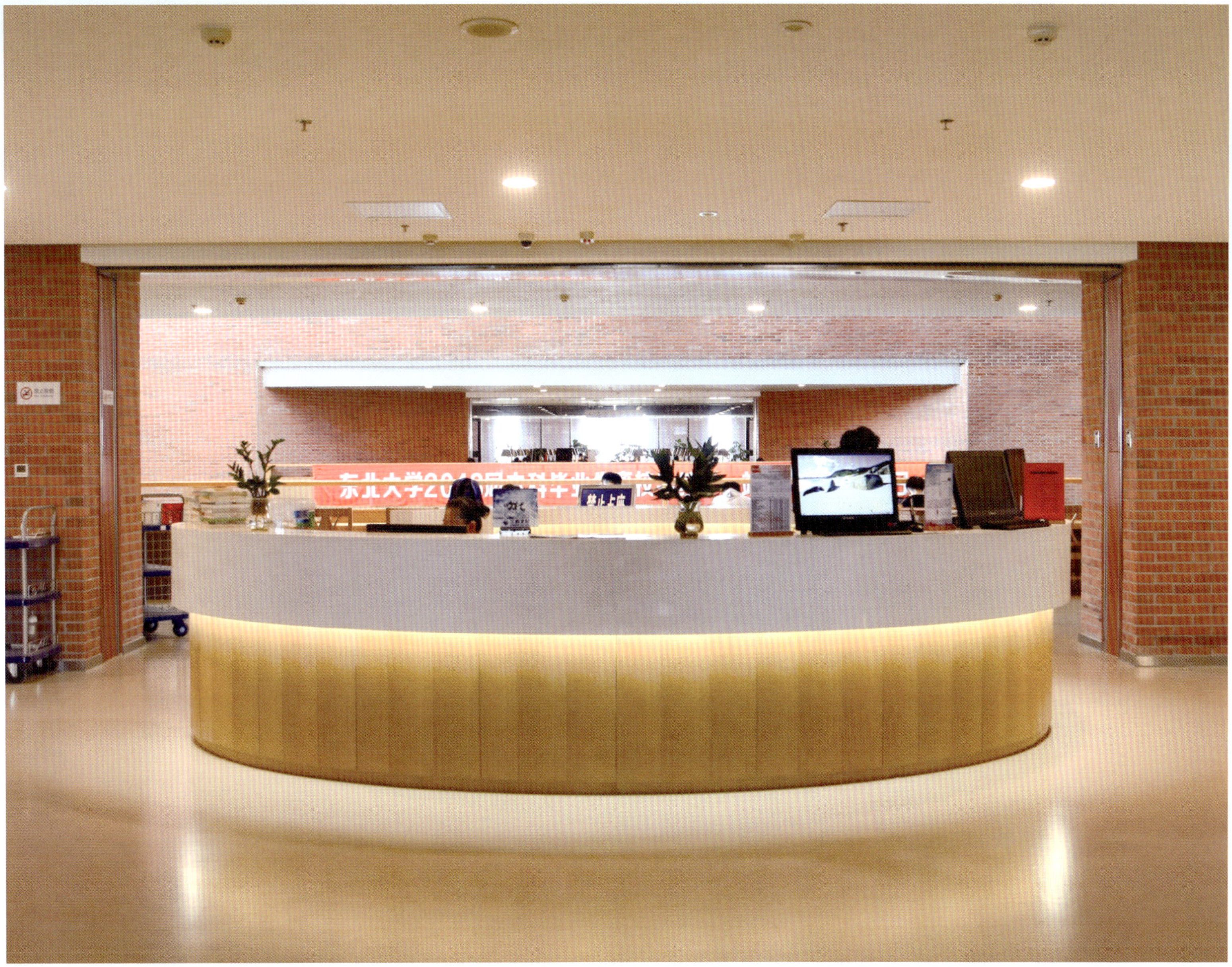

大型圆弧形服务台是方正的室内空间秩序中突显而出的设计元素，形态柔和，其暖色调的立面和白色调的平台很好地融入图书馆的整体环境中。服务台内预留有电、网等插口，方便使用。

88

图书馆卫生间隔断选用了一流的板材和五金件，质感优良，经久耐用，且板材具有降噪功能，有效地保证了图书馆安静的阅览环境。洁具选择了优质品牌产品，大片的卫生间镜面设计更增加了室内的空间感与舒适感。

/ 防火卷帘 /

防火卷帘增加了底托设计，使得卷帘与顶棚严丝合缝，轨道边沿的细节处理不仅很好地解决了轨道与墙体的接合问题，还使得轨道与墙体融为一体，美观大方。

90

◎图书馆报告厅全景图

图书馆报告厅的舞台系统主要包括扩声系统、灯光系统、机械系统、视频系统、反声罩系统，以及所有系统的集成与控制设备等，设备均采用国际国内一流品牌。图书馆报告厅功能全面、设计精巧、施工高质，堪称经典。视频系统采用全LED大屏与2块耳屏、2块条屏相结合的方式，更加全面地展示舞台效果；反声罩系统结合本校实际进行了诸多创新，与机械系统相结合的电动折叠技术和升降功能为便捷使用提供了保障。

◎演奏者正在使用图书馆报告厅反声罩系统进行无麦表演

/ 布线 /

图书馆报告厅线缆敷设的施工质量堪称经典。线缆敷设工整、有序、美观大方，各机柜线号标注明确、清晰，既是最优秀的施工工艺的体现，更是建设者打造精品决心的体现。

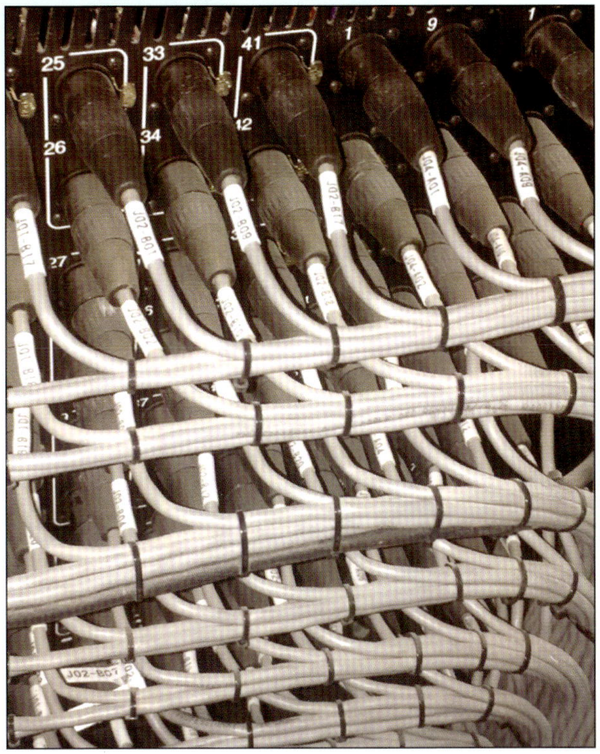

◎图书馆报告厅信号机柜线号标注

◎图书馆报告厅功放机柜线缆敷设

◎图书馆报告厅音视频、灯光管槽内隐蔽工程线缆敷设

/ 悬浮地板 /

室外综合运动场总占地面积17965米^2，共设有网球场6块、篮球场18片、排球场8块，其场地、围网、栏杆、灯杆等采用一体化设计，注重实用与色彩搭配，品质精良，与周边运动带相融合。室外综合运动场在运动地面的选材上，选用了新型运动材料——悬浮地板，其环保性通过了SGS的168项环保检测。相对于传统的丙稀酸等运动地面，悬浮地板系统解决了运动地面开裂的问题，其运动性能优越、耐磨性更好、使用寿命更长；悬浮地板的镂空设计很好地解决了雨季地面积水排水和积尘问题；悬浮地板的安装、拆卸、维修方便，可进行单块维修更换。

92

/ 网球场草坪 /

93

运动场中的网球场地面材料采用经国际网联认证的进口网球场专用草坪，草丝符合欧盟最严格的Din18035环保标准，草坪生产符合ISO14001环境标准及ISO9001质量管理标准，充分地考虑了网球场地的环保性、舒适度及安全性。

/ 吊顶辐射板 /

94

为解决风雨操场综合训练馆大空间冬季供暖问题，避免传统暖气供暖造成的供暖面积局限和空调上空供暖影响使用效果，新校区建设者多方考察论证，最终选用德国专利技术辐射板，通过在10米的高空安装辐射板，其表面涂层产生长距离红外线向场馆室内空间加热，既有效解决供暖问题，又美观大方。

/ 临时苗圃 /

东北大学浑南新校区全面建设初期，由于回填土土质为黄黏土，为了保证景观工程绿化苗木种植的成活质量，2013年，新校区建设者在校区东南角选取一片约9700米²的远期规划用地作为临时苗圃，用于苗木实验培养和土壤改良。经专家论证，决定栽植的品种均为适合本地生长的乡土树种，有银杏、白蜡、金叶榆、暴马丁香、桃叶卫矛，共计2000余株。“试验区”的建立为后续校园绿化工程建设奠定了重要基础。

96

新校区建有8000余米^{2}人工湖，采用了多种驳岸形式，多种建设石材等就近取材，自然抱朴、资源有效利用而又节省建设成本。山水惬意，钟灵毓秀，营造灵动空间，映衬琅琅书声。

97

为与单体建筑保持和谐统一，景观建设延续了单体建筑元素，在完美地衬托建筑之美的同时，能够将单体的“电路板”元素延展到外环境地面。为保证“电路板”线条的干净硬朗和两种不同颜色混凝土砖碰撞拼接效果，切割时要求精益求精。

雨水调蓄池是新校区节能项目的代表作，通过自然引流，将周边建筑和广场的雨水经过过滤引入其中，为自然花溪提供可持续性的清洁水源。

98

/ 文化井盖 /

◎现东北大学浑南新校区井盖

◎原东北大学北陵校区井盖

新校区从规划到施工的过程中，一直高度重视校史文化传承，即使是最微小的井盖，都将辉煌的校史凝聚其中。新校区井盖沿用了原北陵校区井盖的风格，圆形核心，方正刚毅、落落大方，井盖中心刻有醒目的“东北大学”字样，凝聚、记录着东北大学近百年的辉煌发展历程。

第伍篇章 流光大美

亭台楼阁看春风化雨，琅琅书声不绝于耳；
窗明几净听名师解惑，醍醐灌顶润物无声；
绿树成荫闻人声鼎沸，大楼大师相得益彰；
波光粼粼感世纪流转，百年传承人杰地灵。

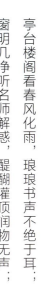

NORTHEASTERN UNIVERSITY
東北大學
工程竣工标志牌
建筑名称
生命学馆
开工时间 2013.04.10
竣工时间 2014.09.30
建筑面积 30797㎡
建设单位
东北大学
建设单位项目负责人
马立晓
设计单位
北京市建筑设计研究院有限公司
设计总负责人
朱小地
施工单位
北京城建集团有限责任公司
项目经理
杨庆德
监理单位
沈阳新佳城工程管理有限公司
总监理工程师
常成玉
勘察单位
辽宁有色勘察研究院
项目负责人
曹 乐

102

東北大學 生命科学与健康学院
COLLEGE OF LIFE AND HEALTH SCIENCES NORTHEASTERN UNIVERSITY

东北大学浑南校区管理委员会

生命学馆

中荷學院
BMIE
2005

信息学馆

104

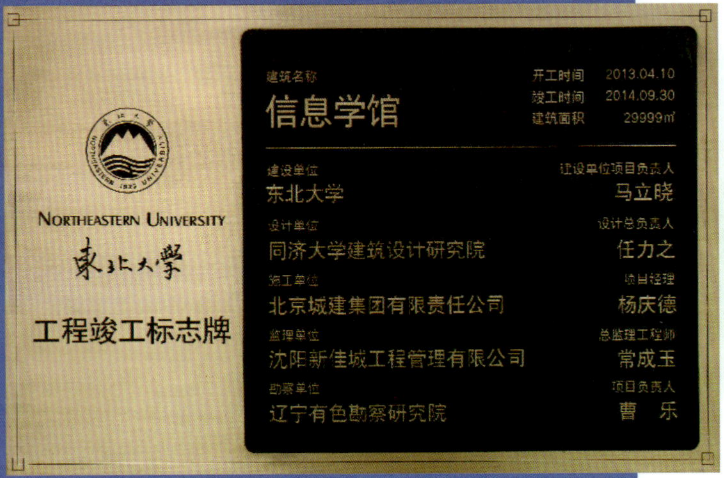

NORTHEASTERN UNIVERSITY
東北大學
工程竣工标志牌
建筑名称
信息学馆
开工时间 2013.04.10
竣工时间 2014.09.30
建筑面积 29999㎡
建设单位
东北大学
建设单位项目负责人
马立晓
设计单位
同济大学建筑设计研究院
设计总负责人
任力之
施工单位
北京城建集团有限责任公司
项目经理
杨庆德
监理单位
沈阳新佳城工程管理有限公司
总监理工程师
常成玉
勘察单位
辽宁有色勘察研究院
项目负责人
曹 乐

A

开放包容

计算机科学与工程学院党员之家

B

NORTHEASTERN UNIVERSITY
東北大學
工程竣工标志牌
建筑名称
文管学馆
开工时间 2013.04.15
竣工时间 2014.09.30
建筑面积 30300㎡
建设单位
东北大学
建设单位项目负责人
马立晓
设计单位
天津华汇工程建筑设计有限公司
设计总负责人
周恺
施工单位
上海宝冶集团有限公司
项目经理
周代杰
监理单位
沈阳新佳城工程管理有限公司
总监理工程师
常成玉
勘察单位
辽宁有色勘察研究院
项目负责人
曹乐

106

文管学馆

马克思主义学院
陈昌曙楼

工商管理学院

NORTHEASTERN 1923 UNIVERSITY
文法学院
School of Humanities and Law

NORTHEASTERN UNIVERSITY
東北大學
工程竣工标志牌
建筑学馆
开工时间 2013.04.15
竣工时间 2014.09.30
建筑面积 28377㎡
东北大学
建设单位项目负责人
马立晓
清华大学建筑设计研究院
设计总负责人
庄惟敏
上海宝冶集团有限公司
周代杰
沈阳新佳城工程管理有限公司
常成玉
辽宁有色勘察研究院
项目负责人
曹　乐

建筑学馆

108

東北大學
江河建筑学院
JangHo Architecture College

B

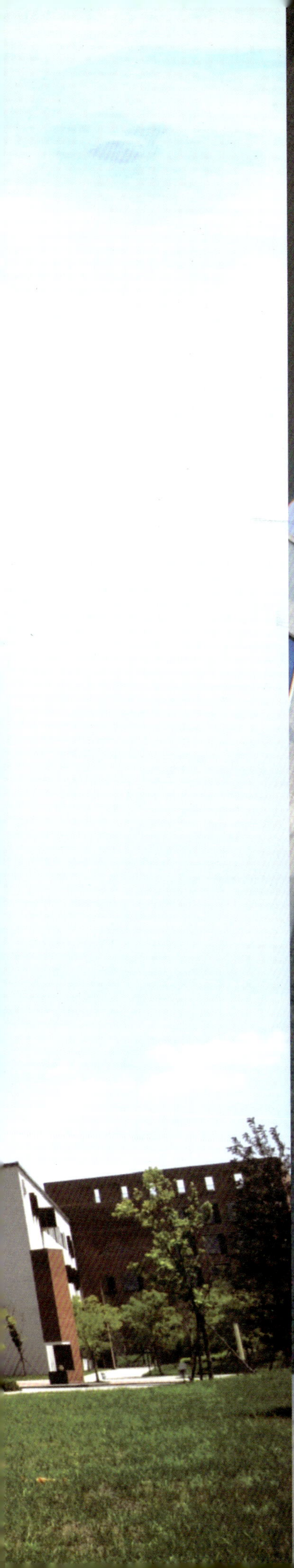

NORTHEASTERN UNIVERSITY
東北大學
工程竣工标志牌
建筑名称
学生生活服务中心
开工时间 2013.06.15
竣工时间 2014.09.30
建筑面积 26877㎡
建设单位
东北大学
建设单位项目负责人
马立晓
设计单位
清华大学建筑学院
中国建筑东北设计研究院有限公司
设计总负责人
单 军
付 青
施工单位
江苏省苏中建设集团股份有限公司
项目经理
梁德军
监理单位
沈阳市振东建设工程监理有限公司
总监理工程师
艾立元
勘察单位
沈阳市勘察测绘研究院
项目负责人
钟靖涛

110

学生生活服务中心

NORTHEASTERN UNIVERSITY
東北大學
工程竣工标志牌
建筑名称
1号学生宿舍
开工时间 2013.04.22
竣工时间 2014.09.30
建筑面积 26408㎡
建设单位
东北大学
马立晓
设计单位
设计总负责人
中科院建筑设计研究院
崔　彤
东北大学设计研究院（有限公司）
施工单位
江苏省苏中建设集团股份有限公司
孙贵林
监理单位
沈阳市振东建设工程监理有限公司
艾立元
沈阳市勘察测绘研究院
钟靖涛

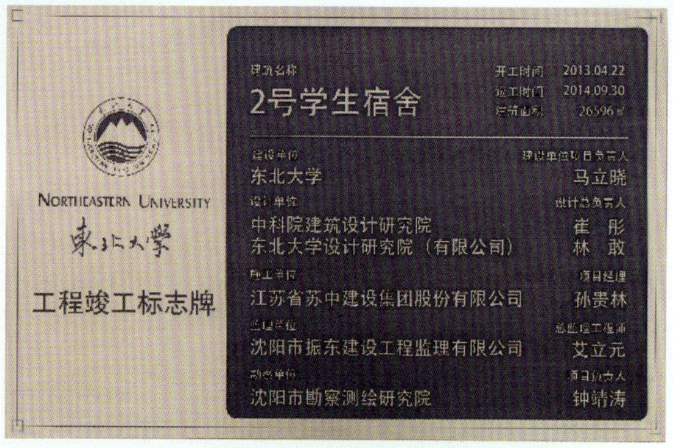
NORTHEASTERN UNIVERSITY
東北大學
工程竣工标志牌
建筑名称
2号学生宿舍
开工时间 2013.04.22
竣工时间 2014.09.30
建筑面积 26596㎡
建设单位
建设单位项目负责人
东北大学
马立晓
设计单位
设计总负责人
中科院建筑设计研究院
崔　彤
东北大学设计研究院（有限公司）
林　敢
施工单位
项目经理
江苏省苏中建设集团股份有限公司
孙贵林
监理单位
总监理工程师
沈阳市振东建设工程监理有限公司
艾立元
勘察单位
项目负责人
沈阳市勘察测绘研究院
钟靖涛

NORTHEASTERN UNIVERSITY
東北大學
工程竣工标志牌
建筑名称
3号学生宿舍
开工时间 2013.06.15
竣工时间 2014.09.30
建筑面积 26408㎡
建设单位
建设单位项目负责人
东北大学
马立晓
设计单位
设计总负责人
中科院建筑设计研究院
崔　彤
东北大学设计研究院（有限公司）
林　敢
施工单位
项目经理
江苏省苏中建设集团股份有限公司
梁德军
监理单位
总监理工程师
沈阳市振东建设工程监理有限公司
艾立元
勘察单位
项目负责人
沈阳市勘察测绘研究院
钟靖涛

1，2，3号学生宿舍

参军报国
无悔青春

智慧人生 知行合一

你比想象更强大
MORE
POWERFUL
THAN
IMAGINATION

114 风雨操场

NORTHEASTERN UNIVERSITY
东北大学
工程竣工标志牌
建筑名称
风雨操场
开工时间 2013.10.10
竣工时间 2016.05.31
建筑面积 16599㎡
建设单位
东北大学
建设单位项目负责人
马立晓、金 畅
设计单位
哈尔滨工业大学建筑设计研究院
设计总负责人
梅洪元
施工单位
上海宝冶集团有限公司
项目经理
许立新
监理单位
沈阳市振东建设工程监理股份有限公司
总监理工程师
艾立元
勘察单位
辽宁有色勘察研究院
项目负责人
曹 乐

NORTHEASTERN UNIVERSITY
東北大學
工程竣工标志牌
建筑名称
图书馆
开工时间 2013.06.12
竣工时间 2017.03.31
建筑面积 43700㎡
建设单位
东北大学
建设单位项目负责人
马立晓、金 畅
设计单位
中国建筑设计研究院
设计总负责人
崔 愷
施工单位
北京城建集团有限责任公司
项目经理
陈永生
监理单位
沈阳市工程监理咨询有限公司
总监理工程师
崔红伟
勘察单位
辽宁有色勘察研究院
项目负责人
曹 乐

图书馆

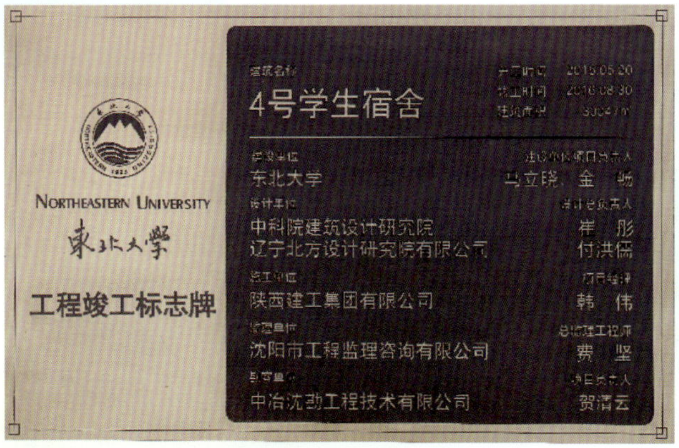
NORTHEASTERN UNIVERSITY
東北大學
工程竣工标志牌
4号学生宿舍
2015.05.20
2016.08.30
东北大学
马立晓、金 畅
中科院建筑设计研究院
辽宁北方设计研究院有限公司
崔 彤
付洪儒
陕西建工集团有限公司
韩 伟
总监理工程师
沈阳市工程监理咨询有限公司
费 坚
中冶沈勘工程技术有限公司
贺清云

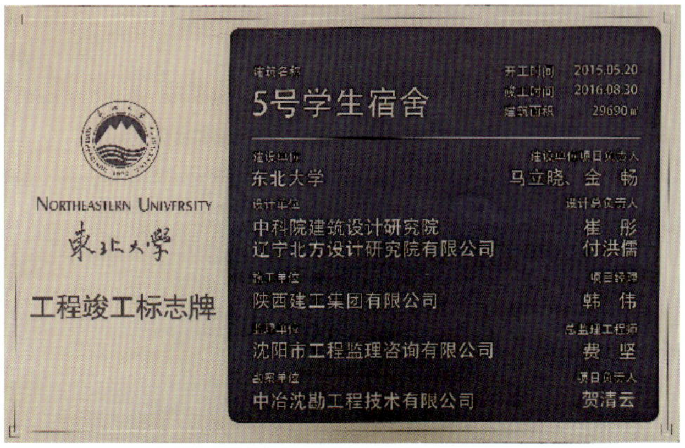
NORTHEASTERN UNIVERSITY
東北大學
工程竣工标志牌
建筑名称
5号学生宿舍
开工时间 2015.05.20
竣工时间 2016.08.30
建筑面积 29690㎡
建设单位
东北大学
马立晓、金 畅
设计单位
设计总负责人
中科院建筑设计研究院
辽宁北方设计研究院有限公司
崔 彤
付洪儒
施工单位
陕西建工集团有限公司
韩 伟
总监理工程师
沈阳市工程监理咨询有限公司
费 坚
项目负责人
中冶沈勘工程技术有限公司
贺清云

4，5号学生宿舍

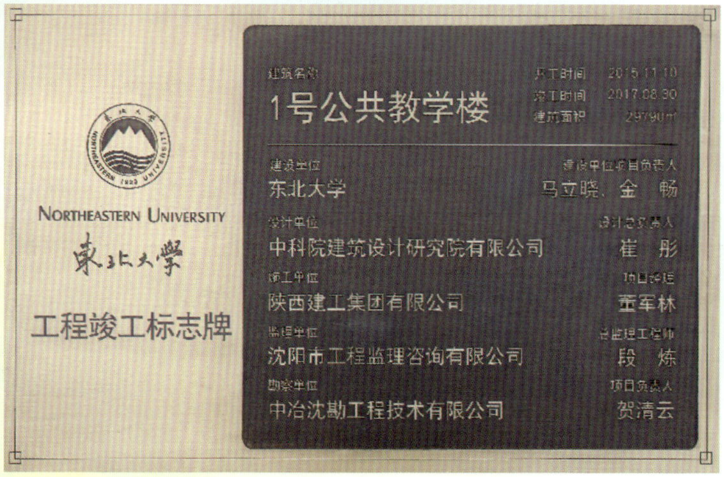
NORTHEASTERN UNIVERSITY
東北大學
工程竣工标志牌
1号公共教学楼
2015.11.10
2017.08.30
东北大学
马立晓、金 畅
中科院建筑设计研究院有限公司
崔 彤
陕西建工集团有限公司
董军林
沈阳市工程监理咨询有限公司
段 炼
中冶沈勘工程技术有限公司
贺清云

120

1号公共教学楼

NEU

【东门】

122

【西门】

【南门】

【北门】

124

/ 室外综合运动场 /

/ 小南湖 /

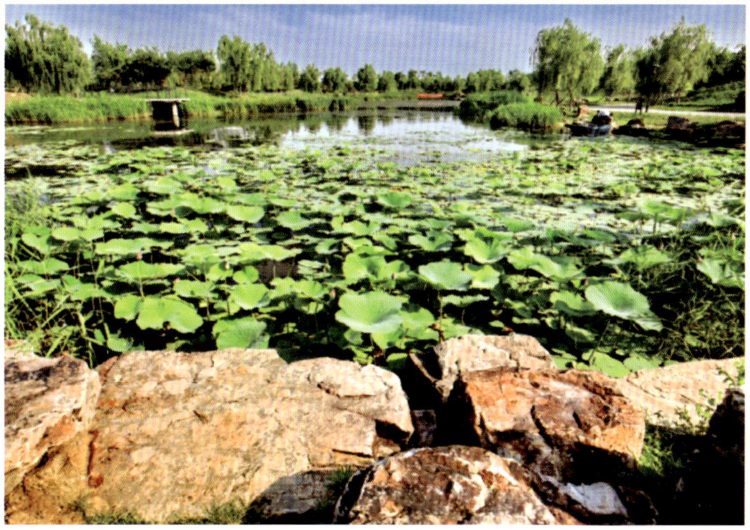

/ 科技轴 /

128

第陆篇章

备受瞩目

东北大学浑南新校区建设伊始，便受到各方关注，教育部、省市区等主管部门领导多次莅临东北大学浑南新校区视察指导，为新校区建设提供了诸多支持！

国际组织、兄弟院校、校友企业、校友组织、学生代表团体以及学校各机关、学院等组织和单位纷纷到新校区参观，表达了各方对新校区建设的高度关切和对新校区建设者的真挚慰问！

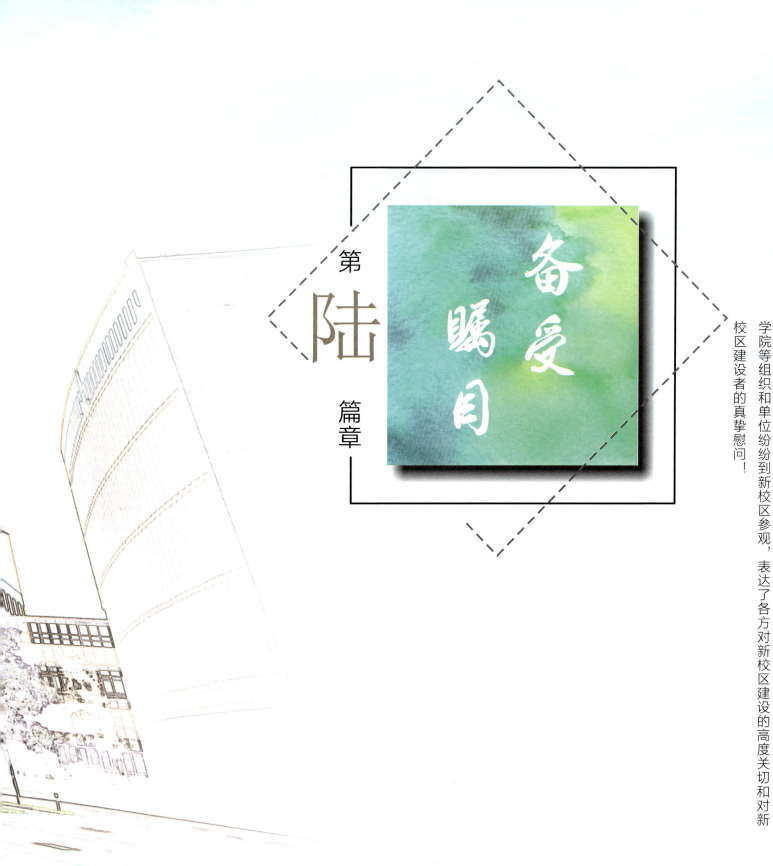

◎2013年8月8日 教育部党组成员、中纪委驻教育部检查组组长王立英一行到东北大学浑南新校区视察指导

◎2015年7月12日 教育部发展规划司副巡视员葛华、中国教育后勤协会会长程天权一行莅临东北大学浑南新校区视察指导

◎2017年6月22日 教育部发展规划司直属基建处原处长韩劲红和辽宁省教育厅发展规划处处长高向辉到东北大学浑南新校区视察指导

◎2017年12月2日 教育部发展规划司基建后勤处处长王长树到东北大学浑南新校区视察指导

◎2012年9月21日 北京中医药大学相关工作负责人考察东北大学浑南新校区

◎2014年3月28日 哈尔滨工程大学相关工作负责人考察东北大学浑南新校区

◎2013年5月28日 复旦大学相关工作负责人考察东北大学浑南新校区

◎2016年8月17日 中国刑事警察学院相关工作负责人考察东北大学浑南新校区

◎2016年9月29日 海南大学相关工作负责人考察东北大学浑南新校区

◎2016年12月7日 浙江大学相关工作负责人考察东北大学浑南新校区

◎2017年4月19日 武汉科技大学相关工作负责人考察东北大学浑南新校区

◎2017年6月24日 江南大学相关工作负责人考察东北大学浑南新校区

◎2013年5月24日 瑞中协会负责人考察东北大学浑南新校区

◎2017年4月9日 厦门钨业股份有限公司负责人考察东北大学浑南新校区

◎2017年7月27日 东北大学六七届
采矿专业校友参观新校区

◎2017年10月21日 东北大学八零届计算机专业校友参观新校区

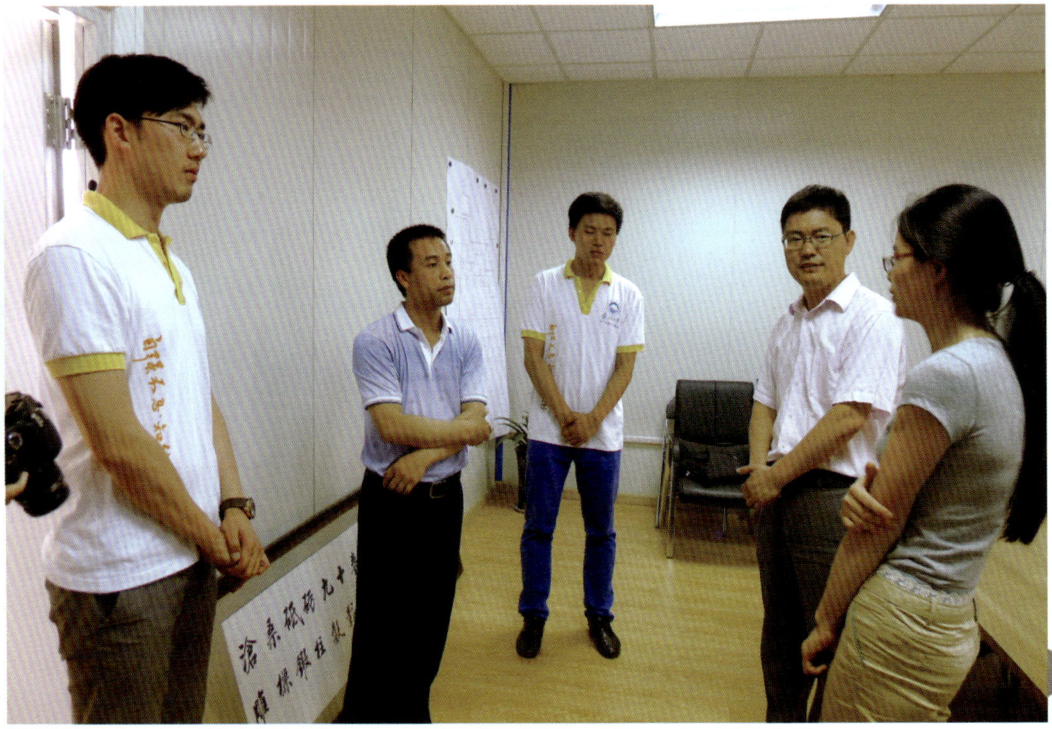

◎2013年6月21日 东北大学2013届本科毕业生参观新校区并赠送牌匾

◎2013年6月21日 东北大学2013届本科毕业生寄语母校

/学生代表/

◎2014年6月11日 东北大学学生工作处组织开展“寄情东大，扬帆远航”2014届毕业生新校区毕业行活动

◎2013年10月14日 东北大学党委原书记、原校长蒋仲乐教授莅临新校区参观指导

◎2013年6月20日 东北大学离退休干部莅临新校区参观指导

◎2013年6月26日 东北大学机关工会成员参观新校区

◎2013年7月18日 东北大学工会成员慰问新校区建设者并送来运动器材

◎2013年6月14日 东北大学信息科学与工程学院电气自动化研究所党支部成员参观新校区

◎2013年10月19日 东北大学校长办公室成员参观新校区

◎2014年6月11日 东北大学党委组织部成员参观新校区

◎2014年4月21日 东北大学党委宣传部成员参观新校区

◎2015年6月4日 东北大学国际合作与交流处成员参观新校区

◎2013年11月13日 东北大学信息科学与工程学院教职工参观新校区

◎2014年7月2日 东北大学工商管理学院党支部成员参观新校区

◎2014年7月9日 东北大学机械工程与自动化学院教职工慰问新校区建设者

第柒篇章

行稳致远

那些人，那些事，组成新校区建设的历史，
那段经历，那段往事，成为新校区建设者终生难忘的记忆，
有过病痛，有过悲伤，有过寒冷，有过酷暑，
但现在剩下的只有参建过的骄傲！
新校区建设未完待续……

2011年6月，东北大学基建管理处处长成为我新的身份。一年后，学校机构调整，新校区建设办公室与基建处合并，我正式接手新校区建设工作。创业初期的艰难只有亲身经历才知道。新校区建设初期是一片荒地，毫无生气，我带领着几名同志每天往返于老校区与这片寄托了数代东大人梦想的土地之间。没有办公室，只有临时购买的几把塑料凳；没有食堂和热水，跟工地工人吃住在一起；没有取暖设施，只有厚厚的绿面厚大衣；没有手机信号，只有指挥着新校区建设时刻不停的对讲机。吃住在工地成为工作常态，曾经连续工作40天未回家，每天既要运筹帷幄、把控全局，又要巡视工地、落实节点，凌晨的工地上也经常有我们巡视的身影。自新校区建设至今，全体建设者几乎放弃了所有的节假日，日夜冬夏奋战在建设一线，才完成了这项艰巨的任务。

校区建设与单体建筑建设不同，校区整体的管网、围墙、道路等基础工程均需要从头做起，哪一项未考虑到，都会给校区后续运行带来问题，我丝毫不敢松懈。除了工期紧、任务重、资金压力大等诸多困难，还有周边治安环境带给我们的挑战。

他们都说我严格，经常会在工地上训斥人，监理单位和施工单位均有不符合要求的管理技术人员被我开除。其实，对于个人来说，训斥人只是一种管理手段，在那段特定的历史条件下，在诸多条件限制下，想要如期交工，确保学校顺利搬迁，没有“铁腕管理”是不可能实现的。

历经几年，完成了新校区阶段性建设，相关学院搬迁逐渐完成，校园后续建设依然在有序推进，为学校开疆拓土的几年历程已经成为我人生最重要的记忆、最艰辛的记忆、最难舍的记忆！

—— 马立晓（新校区建设团队总负责人）

有人说："你的家，就是你灵魂的样子。"校园是高校文化和精神的载体，对塑造学子情怀、气度和视野有着重大的影响。作为一名基建工作者，有机会建设新校区，为几十万人建设一个"家"，既是巨大的压力与挑战，更是莫大的幸运与光荣。

建设一个高水平、有特色的校园是我们面临的重大挑战之一。东北大学既有的北陵校区和南湖校区主要建筑被评为国家级和沈阳市级文物保护单位，极具风格和特色，在数代东大人心中都刻下了永久的印记。站在如此高的起点上建设新地标，极具挑战性，既要传承历史，又要与国际接轨，我们意识到以高水平的规划设计引领高水平的校园建设的必要性。

总体规划设计吸引了国内外最具影响力的5家设计院参与，经过两轮竞赛角逐、专家点评、征求意见和代表投票等环节，最终确定规划方案。该方案被评价为构思严谨、注重传承和可持续发展，是难得一见的好方案。单体建筑设计则创新性地采用建筑大师集群设计的组织模式，由崔愷、崔彤、庄惟敏、梅洪元、周恺、朱小地、单军和任力之8位国内顶尖的建筑大师组成既合作又竞争的集群设计团队，共同制定"和而不同"的设计导则。建筑投入使用后，得到东北大学校内外各方的高度认可，建筑大师们认为这是他们参与过的阵容最强大、组织最成功、成果最满意的集群设计。

新校区建设通常需要5~7年，用不到两年的时间、有限的投资完美地呈现建筑大师复杂的作品是我们面临的又一重大挑战。我们在时任基建管理处处长马立晓的带领下，攻坚克难，突破创新，日夜奋战，才不辱使命。

面向未来，基建人将继续真抓实干，打造建筑精品，续写百年老校建设篇章，为"中国特色、世界一流"大学建设助力前行。

——金畅（新校区建设团队总负责人兼主管规划设计负责人）

150

我真正与新校区结缘是在2012年3月22日，东北大学基建管理处与新校区建设办公室合并，我开始主管新校区建设的招标、合同、材料和现场施工管理工作，后又兼任新校区建设团队的党支部书记。当时学校要求新校区的启用时间为2014年9月，并提出“安全、质量、进度、成本”八字方针，“安全”（政治安全）一词是重中之重。

高校基建一直被认为是高校腐败问题的高发区，东北大学在建设新校区初期，就建立了较为完善的制度体系，对设计变更、现场签证、施工管理、竣工验收和全过程审计等进行了重点约束，建立起建设、审计、招标等“三驾马车”并行齐管的不相容运行机制和资金支付“两支笔”会签制度，各部门各司其职、相互制约。新校区建设至今，无一例违法违纪事件发生。

基建处高度重视党风廉政工作，对现场施工中出现的问题更是坚决处理，绝不姑息。据不完全统计，处理施工单位和监理单位间不正当关系、要求施工单位必须拆除返工整改和扣除相关单位违约金等上百次。其间，新校区建设者与各参建单位未有任何越线接触，早在中央“八项规定”出台之前，新校区建设团队便进入“八项规定”时代。各参建单位纷纷表示，纯粹的工作关系使得各方更容易统一共识，促使新校区建设又稳又快推进。

时至今日，新校区建设仍然任重道远，六载奋斗，一生荣幸，不忘初心，砥砺前行!

—— 余祖国（新校区建设团队主管招标、材料、工程等负责人）

不止一名老师说过，东北大学浑南新校区的条件太差了，这里住的是板房，喝的是井水，上班要坐一个小时的车。可是对于我们来说，现在的条件和以前相比已经好了太多，现在这里通了电，有了水，修了平坦的马路和明亮的路灯，手机也有信号了，房间里还有网络，再也不是“白天一身土、雨天两脚泥、走路没树荫、坐着垫石头”的工作条件了。当新校区还是一片荒草地时，我们就来到了这里，从修路、接电、打井、建临时房、修围墙开始，一点一点地开始了新校区建设。

学校的迅速发展让新校区建设迫在眉睫，为了缩短工期，我们利用2012年冬季，整整打下近6800根桩；利用2013年冬季完成了所有需交叉作业的综合管网施工。为了提高质量并节约资金，我们用临时路作为正式路的基础。为了实现标高的反差，利用一年多的时间，收集土方220万米^3。2014年，我们重拾即将失传的手艺，完成了780万块红砖的砌筑。这样惊人的数据让我们备感骄傲。

2014年9月，6个学院6700名师生来到了刚刚建成的新校区，进驻了崭新的教学楼，体验到先进的教学设备、舒适的宿舍环境和可口的食堂饭菜。那时的新校区还没有图书馆、运动场和绿化环境等配套设施，新校区建设者丝毫不敢松懈，利用两年的时间，就将这些全部实现了。一座书声琅琅、钟灵毓秀、作育英才而又绿茵覆盖、鸟语花香、湖光山色的巍巍学府从蓝图变成现实。

——李久存（新校区建设团队主管工程负责人）

152

赵嵩堪，东北大学新校区建设团队水暖专业总工程师，2016年12月27日4时去世，终年61岁，确切地说，是60岁零1个月零4个小时。到了退休的日期，很多人都在忙着办退休手续，而他总说再看看工地、再带带年轻人，一个月后，他才去办理退休手续。办理完退休手续的他，本该颐养天年、享受天伦之乐，而就在第二天清晨，他安静地离开了，出乎所有人的意料。“战友”的突然离开让新校区建设团队陷入深深的悲痛当中。

新校区开始建设的时候，他已经56岁了，本该退居二线的他主动申请冲在最前线，经常吃住在工地，数天不回家。他积极组织参与新校区能源形式的论证，综合管网的施工指挥，各单体建筑的给排水、暖通专业的设计与施工管理等，在综合管网的设计与施工管理中，做出了重大贡献。

同事眼中的他既是一位威严的专家，又是一位慈祥的长者。建设工程本就是甲乙双方博弈的过程，无论是在会议上，还是在施工现场，只要有他坐镇，每次甲方都以胜利告终，他是年轻人的榜样，更是我敬仰的师父。

在专业技术方面，他就是一本活字典。对徒弟，他毫无保留地传授；对问题，他总能另辟蹊径地轻松解决；对事业，他热爱水暖专业，刻苦钻研，热爱新校区建设，全心投入；对家庭，他总说照顾得还不够。

正是因为有了这样一大批舍小家顾大家、对专业无比热爱、勇担新校区建设责任、拥有精湛专业技术能力的新校区建设者，新校区才创造了建设奇迹。

—— **徒 赵旭 代笔**

153

2017年11月，我到了法定退休年龄，办理完交接手续后，离开了我为之奋斗了一生的东北大学基建工作队伍。回忆38年的从业经历，如同白驹过隙，留在记忆中最深的还是新校区建设的这几年经历，那些难忘的事、难忘的人、难忘的奋斗历程，总在睡梦中忆起。

还记得2014年，东北大学浑南新校区一期工程竣工，为迎接新校区启用，我牵头组织一期八个单体建筑的全部参建单位和浑南区质监站等多方共同参与竣工验收工作，在全体基建同事的共同努力下，创下了一次组织验收项目最多的纪录。

还记得2016年，教育部检查组对东北大学进行基本建设管理规范化检查，建设档案是检查的重要内容，我凭借多年条理清晰的档案管理经验，将近年来基建档案按照项目一一梳理出来，获得教育部领导的好评。同时，在领导的支持和同事们的帮助下，全面总结多年基建工作经验，历时两年，主要参与编撰并出版了《高校基建项目报批报审报验报档手边书》，为我的职业生涯画上了一个圆满的句号。

还记得我在新校区临建指挥部周边开垦的土地，那些向日葵、大豆、玉米、草莓等，房前屋后的菜园是我的最爱，虽然我并没有收获太多的果实，但是每年我都会如期播种，我播种的是对这片土地的执念。

每天早晨我在小区溜狗时，都会想起我们当时简易办公场院里的那些小狗，不知道它们还在不在，它们陪伴整个新校区建设团队度过了那段最艰苦却最刻骨铭心的时期。

退休在家的我总爱回忆过去，怀念那样一支特别能战斗、特别能吃苦、特别能攻坚的建设团队；怀念没有办公室也能办公、没有水喝便自己打井、刺骨寒冬夜间施工的艰苦经历；怀念誓师大会上的铿锵誓言、校区顺利启用的抱头痛哭和年终总结的欢声笑语。祝愿新校区建设团队越走越远，东北大学事业发展蒸蒸日上！

——王静杰（新校区建设团队档案工作负责人，已退休）

154

2013年年初，恰逢东北大学浑南新校区全面开工建设，对各类专业技术人员的需求量很大，我便来到新校区建设团队，这对于我来说，是对所从事专业的一次历练与挑战。

供电是校区建设的重要一环，电力系统的完备程度将直接影响校区的启用、功能的实现和远期的发展。新校区最初是一片荒地，没有任何配套设施，仅有各个单体建筑内部的电气设计图纸，而室外管网布局、电力开闭站的建设、各变电所的配备和供电如何分配等方案设计均需从头开始，需要同时与电力主管部门、外请专家、相关部门和设计院等多单位协调沟通，难度非常大。经过充分调研、反复论证与推敲，校区电力方案最终确定。

新校区电力系统在方案设计阶段进行了很多前瞻性的设计，充分地考虑了学校未来的发展，施工管理中严把质量关，提前制定严格的规划方案与实施计划，对学生生活服务中心等用电设备较集中的建筑重点做好设备用电评估。电力系统的充分论证与优化节省建设资金约4000万元，至今运行平稳。供电方案规划与施工图设计都凝聚了我太多的心血、精力和技术，从安装到运行，一次成型，完美呈现。

图书馆报告厅虽然只是校区建筑较小的一部分，却是设计施工难度较大的一个项目，从方案设计到施工管理，克服了诸多困难，在建筑主体已经基本完工的情况下，充分地挖掘可以利用的空间，采用了多项专利技术，获得了东北大学师生的普遍好评。

如今，新校区二期建设正在进行中，还有更多的作品等着我去完成。职业生涯太短，2019年我就到退休年龄了，如果有需要，我愿意继续贡献微薄之力！

——王克明（新校区建设团队电气专业总工程师）

我是东北大学基建管理处规划管理科的一名技术人员，负责规划设计工作。有幸参与新校区的建设对我来说既是机遇，也是挑战，能够亲历新校区建设的全过程，更是我一生中最大的荣幸。新校区总体规划和单体建筑设计先后获得6项国家级及省、市级设计大奖。

回忆新校区的建设过程，真是百感交集。记得2012年年底基建处成立“女子先锋队”，在“2013年新校区建设誓师大会”上，我作为女子先锋队的代表发言：

2013，我们不怕综合管网的交错纵横，我们有创新，定会在交错纵横中理出头绪、条条畅通、四通八达；

2013，我们不怕八大单体建筑同时建设、遍地开花，我们有力量，定会把这八朵建筑之花浇筑成璀璨的钢混之花；

2013，我们不怕基建处人手不足，我们有智慧，个个都会练就文武双全、样样精通；

2013，我们不怕孤单，我们有在座的领导支持，有全校师生做后盾，我们定会在这片荒芜的土地上建起一座座大楼。

如今，再回首，当初的愿望一一实现了。一座座大楼拔地而起，道路平坦宽阔，综合管网四通八达，每当走进宽敞明亮的建筑，看到师生埋头读书、交流就餐、参加体育锻炼等场景时，我的心中便油然而生一股感动。感动曾经难忘的岁月；感动与设计师们讨论方案，为完善每一个细节仔细推敲、优化设计的过程；感动每一个挑灯夜战、加班审图的不眠之夜；感动通过共同努力为学校节省造价、实现人生价值的自豪。

我们怀念那共同奋斗的岁月，我们心中燃烧着激情，愿为新校区建设继续奉献智慧和力量！我们时刻准备着向更高的目标前进！

——吴真洁（新校区建设团队建筑专业总工程师）

156

东北大学浑南新校区同时开工项目多，工期紧，建设程序复杂且环环相扣，报建时间的长短对工期将产生巨大的影响。新校区建设团队在人手极为有限的情况下，创新性地打破科室界限，实行一人多岗制，将建设流程中的各环节直接落实到人，极大地加快了建设进程。在新校区建设过程中，我负责办理各项报建手续，我同样在思考如何加快推进，为我的团队节省更多的时间。

由于工作原因，我大部分时间无法坐在办公室中，而是经常往返于各级政府行政审批大厅之间，办理发改、规划、消防、环保、气象、建设、安监、质监、卫生、人防、地空、净空等手续。当大厅开门时，我已经守在门口；当大厅下班时，我也从大厅走出来，还要回到办公室继续整理第二天要办理的项目手续材料，常常忙到很晚。在办理手续的过程中，各级政府对东北大学浑南新校区建设工作给予了诸多帮助和大力支持，使得新校区建设能够顺利推进，在此一并表示感谢！

如今的我虽然被调到其他岗位，不再负责报建工作，但令我欣慰的是，我曾带领的团队中的年轻人已经能够独当一面，成为科室负责人，并在多方的支持下，将报建手续汇编出版，这是东北大学基建规范化的重要标志性成果，也为后续基建人留下了更多参考。基建工作团队有着良好的工作传统，师徒关系在基建工作团队中依然占有举足轻重的地位。每每有年轻人进入基建工作团队，都会有一名师傅带领其学习业务，教会其如何适应环境、更好地开展工作。

——刘东生（新校区建设团队报建工作负责人）

建筑工程的实施是一个复杂而又不可逆的过程，控制稍有不当，就会留有遗憾。工程实体是由不同的建筑材料构成的，材料质量是工程质量的前提和基础，这是东北大学新校区建设团队必须解决的重要问题。要解决这一问题，不仅要有过硬的专业知识，还要有辨别真伪的火眼金睛。

新校区建设前期，建设者们对国内高校新校区建设情况进行了充分的调研，建筑材料是调研的重要内容。我们在认真总结调研成果和建设经验的基础上，创新思路，在沈阳市首开取消甲供材先河。同时，为了进一步地确保工程质量，提高建筑艺术品位，打造精品工程，开展了大量的材料调研工作。通过对材料市场进行大量的信息搜集与统计，考察参观生产加工企业，广泛听取多方意见，建立材料信息大数据库，认真落实每项材料的具体参数和型号等具体指标，将本项目应用材料技术要求写入招标文件，确保建筑工程质量。

为加快项目实施进度，材料工作小组必须以最短的时间完成工程材料调研工作，每天早出晚归，马不停蹄地奔波于大江南北的各个城市和乡村，白天调研，晚上赶路，吃饭睡觉基本都在赶路途中解决。虽然很辛苦，但当看到优质的材料时，心情便无比激动。

几年中，材料调研小组取得了丰硕成果，目前已经建立起较为完善的建筑材料信息数据库和工程竣工材料库，为后续基建工作的更好推进奠定了坚实的基础。

—— **杨旭辉（新校区建设团队材料工作负责人）**

回想起这5年东北大学浑南新校区建设征程，感慨万千。新校区从开始的一片荒地，到现在的高楼林立、树木成林、道路宽敞，每一处建设都体现着新校区建设者的辛勤耕耘与汗水。

大学毕业后，我一直在基建管理处工作，秉承着老一代基建人团结奉献、敢于担当的精神，兢兢业业工作，至今已有27年，能赶上新校区建设这个千载难逢的机遇，实属难得。虽然这几年的工作量是以前工作量的几十倍，工作强度之大超出想象，但所有的经历都是一笔宝贵的财富。

在新校区建设过程中，我主要负责工程项目前期招标工作，招标工作是基本建设过程中的重要环节，直接影响工程进度、质量、安全乃至工程结算等各个环节。为了保证招标工作顺利进行，学校相继出台了多项管理办法，对招标工作流程进行了详细规定。首先制定招标计划，然后起草招标文件初稿，再编制工程量清单及设定合理的拦标价。招标文件、工程量清单和拦标价在制定方面，委托有资质的机构完成，在审核方面需经东北大学资产处、审计处和财务处等多部门专业审核；超过500万元的工程，须经校招标采购领导小组审定通过，才能进行招标。为了进一步地优化图纸，提高资金使用效益，我们组织造价咨询公司与设计院对设计进行二次优化，为学校节省了大量的资金，仅学生生活服务中心一项工程就节省资金近5000万元。

新校区建设团队是一个敢于攻坚、作风优良、能打硬仗的团队，克服了新校区建设任务重、时间紧、人员少的困难，保证了新校区建设的规范性与时效性。虽然苦点累点，但心里却是甜的。

——秦波（新校区建设团队招标工作负责人）

东北大学浑南新校区一期工程自2012年11月开工建设至2014年10月投入使用，用时不到两年，共完成近24万米²建筑，为学校的发展奠定了坚实的基础。

在前期勘查、临时道路和临时水电等施工过程中，一把遮阳伞、几把塑料凳就是一个办公室，每天头顶烈日、脚踏灼土，穿行在荒草中，按时完成了施工前期准备工作。

一期工程全面开工后，我们同时面对着10个大小单体、11个设计单位、3个施工单位和3个监理单位，巨大的工作量与人员的缺少形成鲜明的对比。一期的单体全部由国内知名的建筑设计大师，甚至院士亲自设计，设计复杂，施工困难。新校区场地为平均3米左右厚的粉质性黏土，该土质遇水即“化”，施工环境不利。根据东北大学整体工作安排，新校区2014年下半年须投入使用，工期非常紧张。面对种种困难，在学校领导的大力支持下，全处上下一心，“五加二”“白加黑”，不怕苦不怕累，仅用不到两年时间，新校区便交付使用。

在二期工程建设过程中，新校区建设团队全面总结一期工程建设经验，贯彻落实精细化管理理念，注重建筑品质，打造了新校区图书馆、4号及5号学生宿舍和1号公共教学楼等一批精品工程，得到了教育主管部门、兄弟高校、全校师生及社会各界的广泛好评。在今后的工作中，我们将不忘初心，砥砺前行，坚守廉政底线，进一步地提高业务能力与管理水平，助力东北大学“双一流”建设。

——仝培周（新校区建设团队施工管理负责人）

2011年9月30日，我来到了东北大学新校区建设办公室，那时的新校区建设正处在购置土地和总体规划方案的论证阶段。2012年3月22日，新校区建设办公室与基建处合并，成立新的部门——基建管理处（新校区建设办公室）。在白塔堡火石桥村这片89万米²的土地上，新校区建设应该算正式拉开了序幕。1000个日夜，东大基建人用自己的智慧与执着将新校区建在了这篇荒芜的土地上。2014年9月，6个学院、6700名师生进驻新校区，标志着新校区建设取得了阶段性胜利，从不可能完成的任务，到创造一个又一个奇迹，打赢了一场攻坚克难的战斗。

在新校区建设过程中，我主要负责后勤保障工作，以另外一种形式为新校区的建设贡献自己的力量。俗话说：行军打仗，兵马未动，粮草先行。没有好的后勤保障工作，前线同志就要挨饿受冻。“五加二”“白加黑”成为基建工作的新常态，在冬季低于-20℃的深夜，巡视施工现场的同事回来后，能有一杯驱寒的姜糖水或热气腾腾的面条，对他们来说，是多么幸福的事情。新校区地处偏远，距老校区和上级政府主管部门有相当远的距离，由于工作需要，必须经常往返多校区和多部门，有时，一天内会有很多不同的人到不同的地点办事，这就需要合理优化车辆安排，提高工作效率，同时要保证车辆行驶安全。

后勤保障工作事无巨细，以人为本，细致入微，基建人为新校区建设倾力拼搏，我为基建全力保驾护航，对我来说，也是一生的荣耀。

没有最好，只有更好，基建人永远在路上……

—— **李鹏（新校区建设团队后勤保障负责人）**

我于2012年11月从东北大学审计处退休，原本打算退休后好好休息，到处走走，但恰逢东北大学浑南新校区建设启动，急需管理人员。承蒙基建管理处领导器重，我有幸成为建设管理团队中的一员。

在这个团队中，我主要负责行政项目经费预算编制、登记管理和支出分析；按照会计核算要求，对每个基本建设工程项目进行费用归集与核算；食堂所需食材的计划编制并上报学校后勤处采购部；每日食材验收和出库、台账登记、成本核算；办公和劳保等日常消耗品的采购、保管和发放；办公电话费和网费的缴存等。

面对这么大一摊工作，我感觉压力巨大，但我从来不会向领导叫苦。几年来，我中午从不休息，因为这段时间没人打扰，可以处理很多繁杂的业务。说句心里话，也曾怀疑过，拿着微薄的工资干这么多活值得吗？但每当看到同志们在各自的岗位上默默地奉献着，尤其是基建处的领导为保证施工质量，“五加二”“白加黑”地工作，连续数月住在建设指挥部，眼看着满头青丝变白发，体重也从70公斤降到60公斤，特别心疼。我被这样一群人感动着，于是，我尽自己最大努力为大家服务，安排好伙食，保证大家以饱满的工作热情、全身心地投入到新校区建设中。

如果说我在东北大学浑南新校区的建设中散发了自己的光和热，那也是基建管理处这个群体的工作热情释放出的正能量折射给我的，所以我感谢这个集体和这个集体中的领导者，正因为有了他们的无私奉献，才有了东北大学浑南新校区美丽优雅的环境。

—— 叶静（新校区建设团队后勤保障负责人，退休返聘）

162

2014年7月，我开始着手准备东北大学历史上首次主动性的、最大规模的校区搬迁工作。经过近3个月的准备，数千师生从南湖校区顺利地搬迁至新校区。作为第一批来到新校区的师生，经历并主要参与其中，实为今生之幸。

2016年，我加入了东北大学新校区建设的队伍，有困惑，有挣扎，有激动，有自豪。困惑的是从文科管理领域转入工科技术领域，真正体会到什么叫“隔行如隔山”；挣扎的是为了尽快熟悉业务，在各种从未接触过的业务领域中拼命学习；激动的是结识了一群作风优良、能力突出、守望相助的战友；自豪的是有生之年能够为东北大学浑南新校区建设贡献一份力量。

我自认为是一个有情怀的人，对母校东北大学更是如此。早听闻新校区建设的艰辛，但直到加入这支队伍，才知道艰辛得超乎想象。当近24万米^{2}建筑交付使用、6700余名师生进驻鸿图华构的现代化校园时，他们依然在朴实无华的彩钢房中指挥着新校区建设。当38万米^{2}建筑交付使用、1.3万余名师生入驻朱阁青楼的一流教学楼时，他们依然在风雨飘摇的小院中思考着新校区的未来发展。这个小院是新校区89万米^{2}土地上最早的一栋建筑，可能未来当新校区建设完成时，这片凝聚着、开拓着、实现着东大人多年夙愿的彩钢房指挥部将成为历史。想到这，我才明白什么是真正的东大情怀，不图一砖一瓦，不为一分一毫，只是默默地为东北大学事业发展的蒸蒸日上而贡献力量！

有幸，我成为其中的一员，站在前辈的肩膀上，我备感荣光与压力，继承，开拓，奋进，不忘初心！

—— 隋立民（他行转入）

2018年是东北大学基建工作的第二个建设高潮，也是攻坚克难的又一个开始。很有幸，我在见证东大发展历史的关键一年，加入了东大基建人的团队。

作为东北大学毕业留校的学生，我在新校区生活、学习了3年时间，亲眼见证了新校区一栋栋教学楼拔地而起、一丛丛树林茁壮成长、一片片草地生根发芽。宏伟壮观、藏书万卷的图书馆，设计一流、设施齐全的风雨操场和精细施工、设备先进的1号公共教学楼的投入使用，让我深深地感受到基建人“爱校如爱家，建校如建家”的强烈使命感和勇于担当、锐意进取、干在实处的基建精神。

2017年9月15日，我作为一名规划管理科的实习生，开始融入这个团结向上的集体。在日常工作中，科室前辈不厌其烦地指导我，让我尽快熟悉基建业务，我从一个初学者渐渐步入了正轨。2018年1月11日，我正式加入了东大基建人这个大家庭，从一名学生转变为一名建设管理者，继续支持东北大学建设发展，站在巨人的肩膀上，共同建设新校区，自豪感油然而生。

能与前辈再次踏上建设校园的新征程，参建新校区学生中心、1号田径场和景观二期工程等项目，南湖校区RAL国家重点实验室和2号学生宿舍等项目，我再次感受到东大基建人对东北大学的热爱，对校园建设的一丝不苟和精益求精。东大基建人“舍小家为大家”“五加二”“白加黑”的建设热忱和奉献精神永远是我学习的榜样。

—— **赵双（新人）**

◎何静

◎付殿武

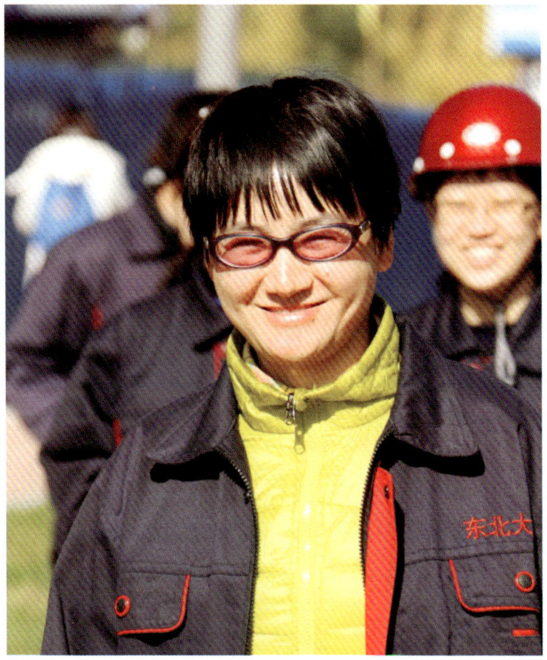

◎马宁

◎傅梓瑛

◎林淑梅

◎赵旭

◎赵建英

◎刘沙沙

◎赵冰

◎孟宪杰

◎代立强

◎张秋明

◎郝清

◎姜美丽

◎李素娜

◎聂鹏

◎王海龙

◎包树

◎何阳

◎熊美

◎李媛媛

◎管宪成

◎2015年3月9日 时任东北大学党委副书记熊晓梅研究部署新校区学生工作

◎2016年4月4日 东北大学校长赵继视察新校区风雨操场工程

◎2016年1月27日 时任东北大学党委常务副书记熊晓梅视察新校区安全稳定工作

◎2016年8月29日 东北大学校长赵继视察新校区建设情况

◎2017年7月31日 东北大学党委书记熊晓梅视察新校区1号公共教学楼工程

◎2017年8月10日 东北大学校长赵继视察新校区1号公共教学楼工程

◎2016年8月17日 东北大学副校长孙雷视察新校区信息学馆改造工程

◎2017年9月22日 东北大学副校长孙雷调研新校区西门设计情况

◎2016年6月7日 东北大学在教育部直属高校基本建设规范化管理检查中荣获佳绩

◎2016年7月1日 新校区建设者团队作为典型代表参加“讲述东大共产党人的故事”活动

◎2017年11月28日 教育部直属高校基建投资计划工作会在东北大学成功召开

◎2017年12月15日 “四载浑南校区情，共筑兴我东大梦”东北大学浑南新校区2018年新年晚会成功举办

梦想在延续……

后记

东北大学高度重视校园基本建设工作，将“为一流大学建设一流校园”作为建设目标。新校区的建设是东北大学跃升发展、服务“双一流”建设的重要环节。为深入贯彻落实党的十九大精神和习近平新时代中国特色社会主义思想，进一步地响应国家部委要求，全面推进校园基本建设规范化、精细化与科学化发展，推动新校区建设史完善与传承，纪念东北大学建校95周年，继2017年出版《高校基建项目报批报审报验报档手边书》后，东北大学基建管理处再次精心地搜集、整理大量的建设史料，编撰了这本《筑梦印象——东北大学浑南新校区建设史册》。

全书共分为七个篇章，分别为蓝图初绘、地标崛起、攻关奇迹、雕琢之功、流光大美、备受瞩目、行稳致远，以图文并茂的形式再现了东北大学浑南新校区辉煌的建设历程。第壹篇章“蓝图初绘”讲述了东北大学浑南新校区选址、规划竞赛和单体建筑设计的过程，体现了东大人自强不息的豪迈气概和追求发展的雄心壮志；第贰篇章“地标崛起”讲述了东北大学浑南新校区地质勘查、全面开工、主体封顶等历经艰辛的建设过程，体现了东大人突破创新、攻坚克难的责任与担当；第叁篇章“攻关奇迹”讲述了东大人上下一心，各部门通力合作，为决胜校区最终启用而作出的努力，体现了东大人团结奋进、敢于拼搏的实干精神；第肆篇章“雕琢之功”描述了东北大学浑南新校区在设计和施工过程中，以人为本、积极探索，打造精品工程中的诸多亮点，体现了东大人追求卓越、精益求精的敬业精神；第伍篇章“流光大美”描述了东北大学浑南新校区辉煌的建设成果，以大场景和微观图的全页图片形式展现各单体建筑、校门和景观等大美风光，体现了东大人建设美丽校园的美好愿景；第陆篇章“备受瞩目”讲述了自新校区建设伊始至2017年年末，教育主管部门、国际组织、兄弟院校、校友企业、校友代表、学生代表和学校各机关、学院等参观、考察浑南新校区，体现了社会各界对东北大学浑南新校区建设的高度关注；第柒篇章“行稳致远”以新校区建设团队的典型代表人物自述的形式，讲述了他们对新校区建设的感悟，展现了东大人内心最真实、最真挚的爱校情怀。

东北大学浑南新校区建设得到了教育主管部门、省市区相关领导、学校历任老领导、广大校友和师生的高度关注与大力支持，学校党政领导班子更是给予了强有力的领导与支持。校党委书记熊晓梅、校长赵继、原校党委书记孙家学、原校长丁烈云、原副校长陈德祥、原副校长现任校党委副书记张国臣、副校长孙雷等多位校领导为其建设殚精竭虑、夙兴夜寐，先后多次到建设现场视察、指导和调研，协调解决建设过程中遇到的困难，孙家学书记和赵继校长提出的指导新校区建设重要的“安全、质量、成本、进度”“实用、生态、品位、质朴”的双八字方针，为新校区建设推进把关定向。学校领导从新校区建设伊始，便认识到顶层设计的重要性，研究制定了建设、审计、招标“三架马车”并行齐管的不相容的运行机制，建立健全10余项管理制度，确保了新校区建设高质量、高效率的平稳推进。

2014年9月，文法学院、工商管理学院、中荷生物医学与信息工程学院、生命科学与健康学院、江河建筑学院和马克思主义学院的师生在道路刚刚通行和其他基础设施还不完善的情况下，克服诸多困难，完成搬迁工作，给予建设工作充分的理解与支持。

新校区建设有赖于东北大学新校区建设推进工作领导小组和基建工作领导小组以及各部门的通力合作，有赖于各参建单位的密切配合，包括勘察单位、设计单位、施工单位、监理单位，以及可研编制单位、环评单位、设计服务单位、造价咨询公司、招标代理机构、工程各类检测单位、审计公司等，更有赖于政府行政审批部门的大力支持，包括土地审批部门、规划审批部门、消防审批部门、建设审批部门、环保审批部门、质量监督部门、安全监督部门、人防审批部门、地空审批部门、气象审批部门、绿化审批部门、税务审批部门、水务审批部门、电力审批部门、燃气审批部门、民政审批部门、房产审批部门和审图单位等，还有赖于校内外建设专家在各类评审中提出的宝贵意见，在此表示最衷心的感谢，也希望今后一如既往地支持东北大学校园基本建设工作。

本书的出版得到了校内各兄弟部门和东北大学出版社的大力支持，在此同样表示最衷心的感谢。

在编撰本书的过程中，因部分历史节点没有留下照片，或照片并不特别具有代表性，或照片原图已遗失等多种原因，部分节点照片选取难免有不尽如人意之处，可能无法充分地表达新校区建设过程的全貌，但编者竭尽全力还原最真实的历史，若在之后的工作中再次搜集到相关的历史资料，编者会通过其他刊物或宣传材料公开，以便更好地铭记这段创造辉煌的历史。

编　者

2018年6月